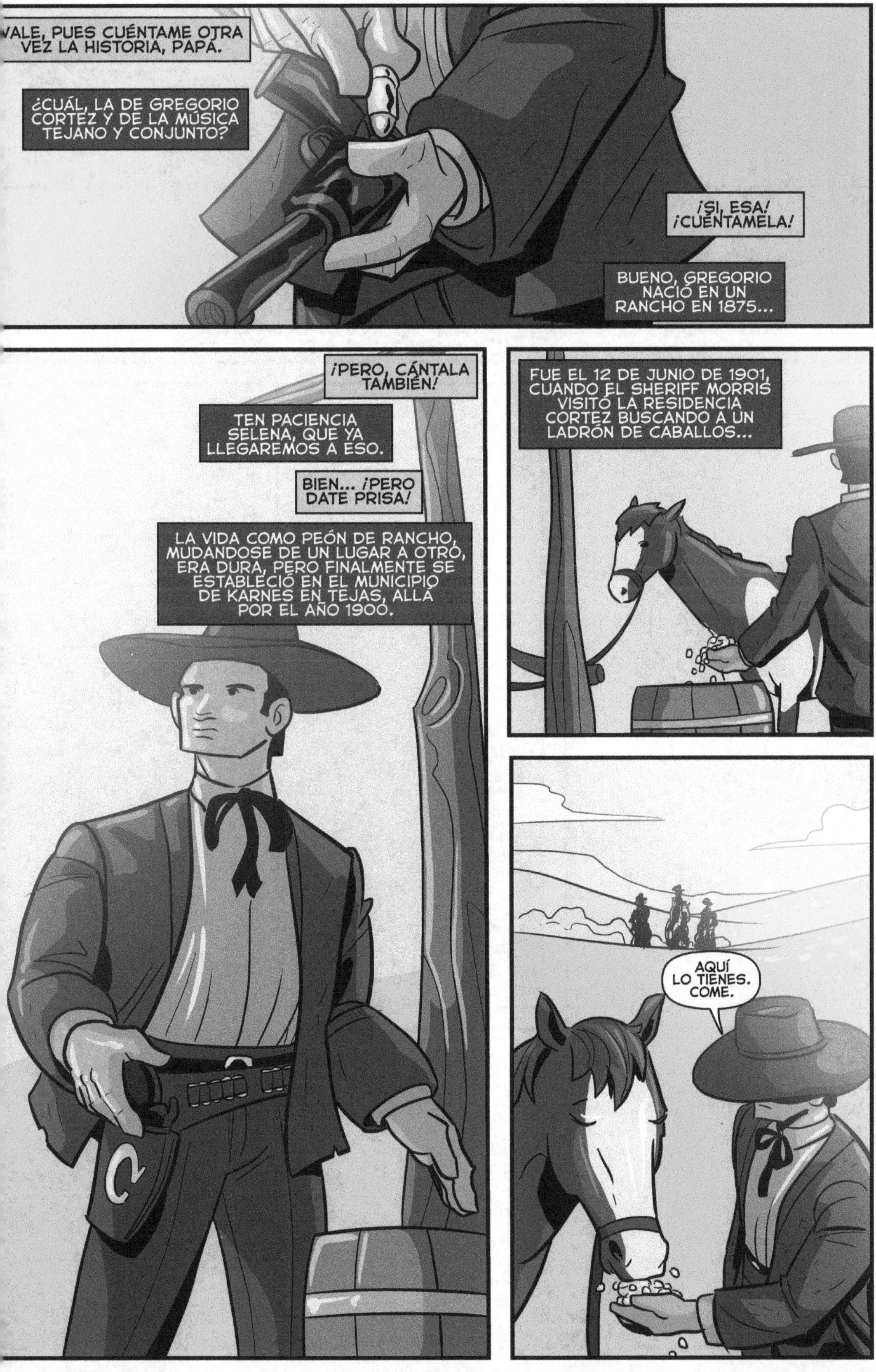
VALE, PUES CUÉNTAME OTRA VEZ LA HISTORIA, PAPÁ.
¿CUÁL, LA DE GREGORIO CORTEZ Y DE LA MÚSICA TEJANO Y CONJUNTO?
¡SÍ, ESA! ¡CUÉNTAMELA!
BUENO, GREGORIO NACIÓ EN UN RANCHO EN 1875...
¡PERO, CÁNTALA TAMBIÉN!
TEN PACIENCIA SELENA, QUE YA LLEGAREMOS A ESO.
BIEN... ¡PERO DATE PRISA!
LA VIDA COMO PEÓN DE RANCHO, MUDÁNDOSE DE UN LUGAR A OTRO, ERA DURA, PERO FINALMENTE SE ESTABLECIÓ EN EL MUNICIPIO DE KARNES EN TEJAS, ALLÁ POR EL AÑO 1900.
FUE EL 12 DE JUNIO DE 1901, CUANDO EL SHERIFF MORRIS VISITÓ LA RESIDENCIA CORTEZ BUSCANDO A UN LADRÓN DE CABALLOS...
AQUÍ LO TIENES. COME.

UM... HOLA SEÑOR...

<...BIEN. ¿SABES QUIÉN SOY?>*

¿CÓMO ESTÁ?

UMM... SHERIFF... SI.

*TRADUCIDO DEL INGLÉS.

¿USTED ENTIENDE EL INGLÉS?

NO HABLO INGLÉS.

<ME LO FIGURABA. POR ESO HE TRAÍDO CONMIGO AL AMIGO CHOATE.>

HOLA.

< ¡VENGA CHOATE, PREGÚNTASELO! >

SEÑOR, EL SHERIFF QUIERE SABER SI HAS INTERCAMBIADO UN CABALLO A UN HOMBRE LLAMADO ANDRÉS VILLAREAL.

NO.

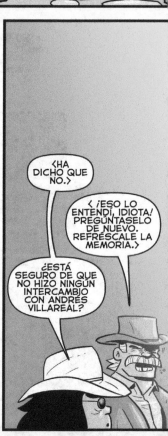

<HA DICHO QUE NO.>

< ¡ESO LO ENTENDÍ, IDIOTA! PREGÚNTASELO DE NUEVO. REFRÉSCALE LA MEMORIA.>

¿ESTÁ SEGURO DE QUE NO HIZO NINGÚN INTERCAMBIO CON ANDRÉS VILLAREAL?

¿QUÉ ES TODO ESTO? ¿QUÉ ESTÁ OCURRIENDO AQUÍ?

¿GREGORIO, QUÉ QUIEREN ESTOS HOMBRES? ¿POR QUÉ ESTÁ EL SHERIFF AQUÍ?

¿Y A ELLOS QUÉ LES IMPORTA SI LO HICISTE? ¡GRINGOS!

ESTÁN PREGUNTANDO SI HE CAMBIADO UN CABALLO, ROMALDO.

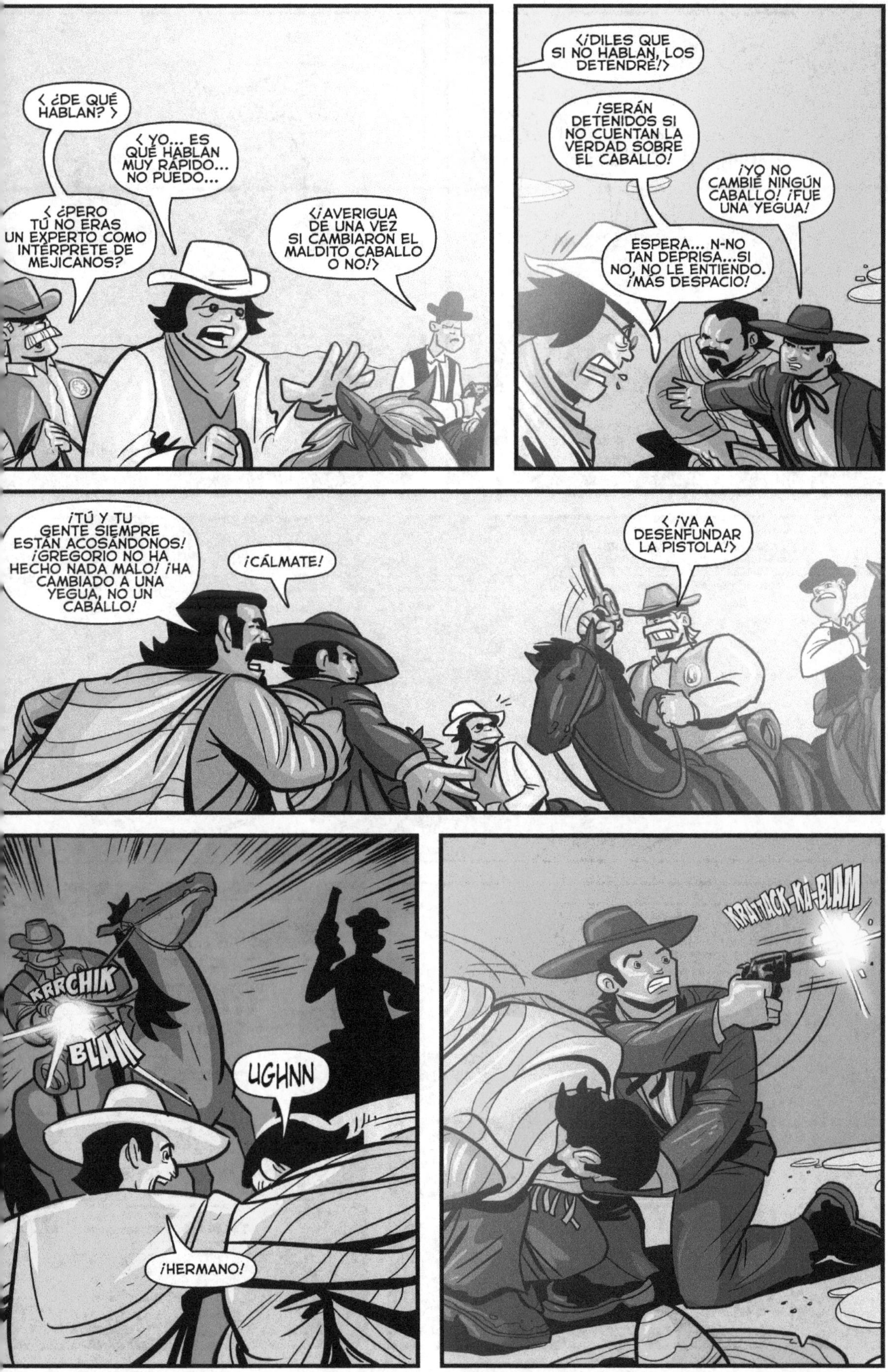

< ¿DE QUÉ HABLAN? >
< YO... ES QUE HABLAN MUY RÁPIDO... NO PUEDO... >
< ¿PERO TÚ NO ERAS UN EXPERTO COMO INTÉRPRETE DE MEJICANOS?
<¡AVERIGUA DE UNA VEZ SI CAMBIARON EL MALDITO CABALLO O NO!>
<¡DILES QUE SI NO HABLAN, LOS DETENDRÉ!>
¡SERÁN DETENIDOS SI NO CUENTAN LA VERDAD SOBRE EL CABALLO!
¡YO NO CAMBIÉ NINGÚN CABALLO! ¡FUE UNA YEGUA!
ESPERA... N-NO TAN DEPRISA...SI NO, NO LE ENTIENDO. ¡MÁS DESPACIO!
¡TÚ Y TU GENTE SIEMPRE ESTÁN ACOSÁNDONOS! ¡GREGORIO NO HA HECHO NADA MALO! ¡HA CAMBIADO A UNA YEGUA, NO UN CABALLO!
¡CÁLMATE!
< ¡VA A DESENFUNDAR LA PISTOLA!>
KRRCHIK
BLAM
UGHNN
¡HERMANO!
KRATTACK-KA-BLAM

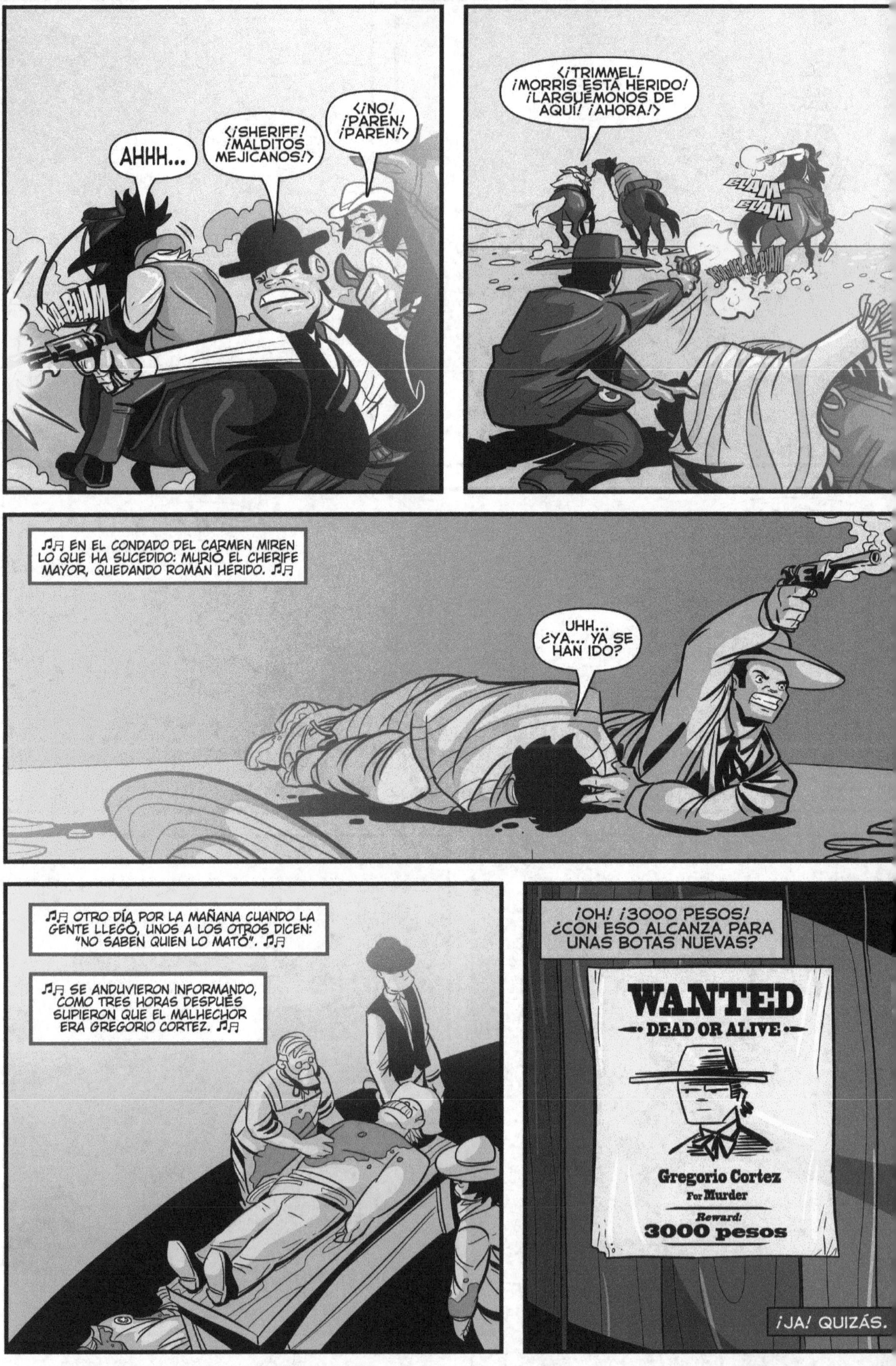
AHHH...
KA-BLAM
<¡SHERIFF! ¡MALDITOS MEJICANOS!>
<¡NO! ¡PAREN! ¡PAREN!>
<¡TRIMMEL! ¡MORRIS ESTÁ HERIDO! ¡LARGUÉMONOS DE AQUÍ! ¡AHORA!>
BLAM
BLAM
KA-BLAM-KA-BLAM
♫♬ EN EL CONDADO DEL CARMEN MIREN LO QUE HA SUCEDIDO: MURIÓ EL CHERIFE MAYOR, QUEDANDO ROMÁN HERIDO. ♫♬
UHH... ¿YA... YA SE HAN IDO?
♫♬ OTRO DÍA POR LA MAÑANA CUANDO LA GENTE LLEGÓ, UNOS A LOS OTROS DICEN: "NO SABEN QUIEN LO MATÓ". ♫♬
♫♬ SE ANDUVIERON INFORMANDO, COMO TRES HORAS DESPUÉS SUPIERON QUE EL MALHECHOR ERA GREGORIO CORTEZ. ♫♬
¡OH! ¡3000 PESOS! ¿CON ESO ALCANZA PARA UNAS BOTAS NUEVAS?
WANTED
DEAD OR ALIVE
Gregorio Cortez
For Murder
Reward:
3000 pesos
¡JA! QUIZÁS.

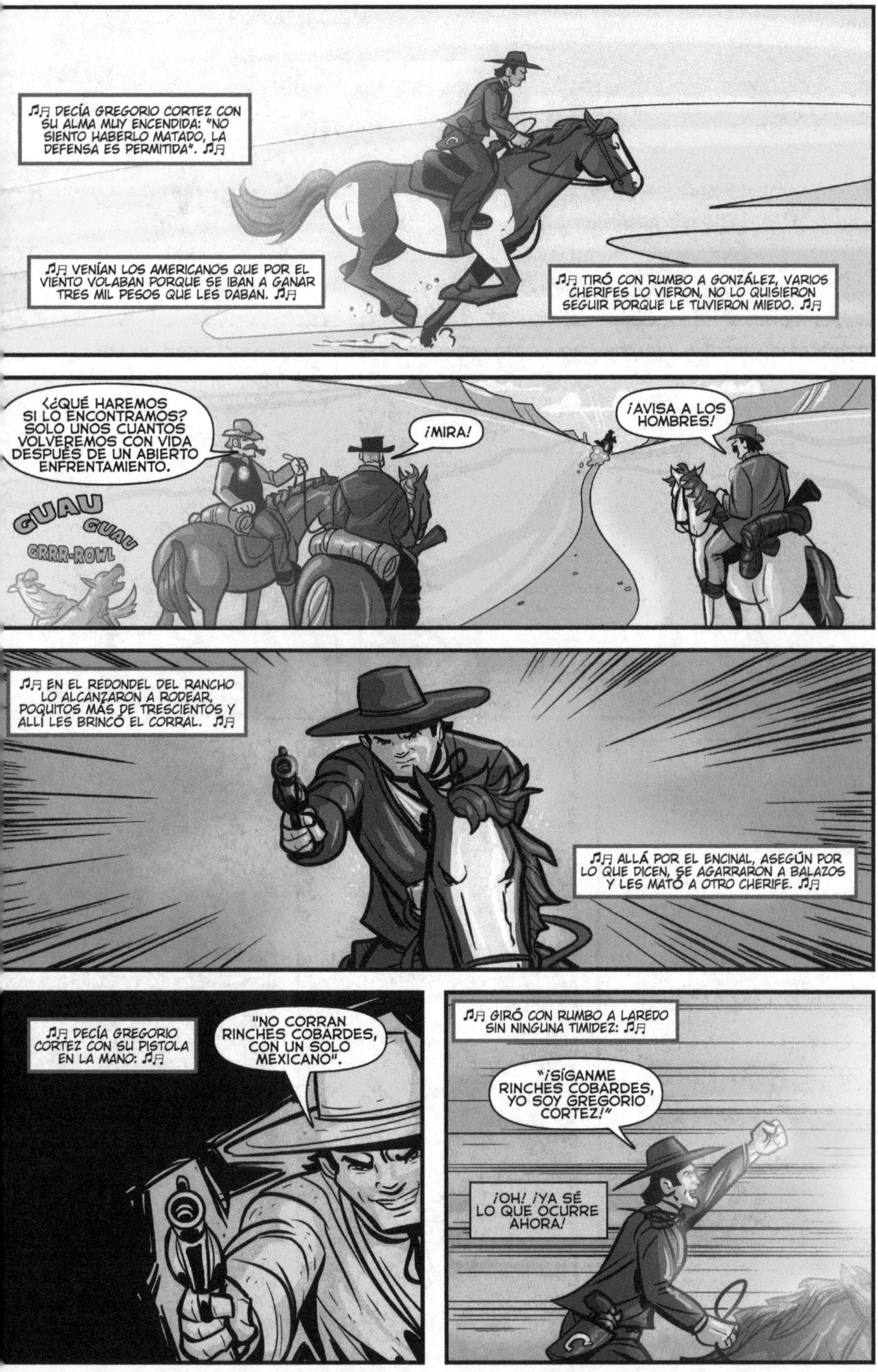
♫♬ DECÍA GREGORIO CORTEZ CON SU ALMA MUY ENCENDIDA: "NO SIENTO HABERLO MATADO, LA DEFENSA ES PERMITIDA". ♫♬
♫♬ VENÍAN LOS AMERICANOS QUE POR EL VIENTO VOLABAN PORQUE SE IBAN A GANAR TRES MIL PESOS QUE LES DABAN. ♫♬
♫♬ TIRÓ CON RUMBO A GONZÁLEZ, VARIOS CHERIFES LO VIERON, NO LO QUISIERON SEGUIR PORQUE LE TUVIERON MIEDO. ♫♬
¿QUÉ HAREMOS SI LO ENCONTRAMOS? SOLO UNOS CUANTOS VOLVEREMOS CON VIDA DESPUÉS DE UN ABIERTO ENFRENTAMIENTO.
GUAU
GUAU
GRRR-ROWL
¡MIRA!
¡AVISA A LOS HOMBRES!
♫♬ EN EL REDONDEL DEL RANCHO LO ALCANZARON A RODEAR, POQUITOS MÁS DE TRESCIENTOS Y ALLÍ LES BRINCÓ EL CORRAL. ♫♬
♫♬ ALLÁ POR EL ENCINAL, ASEGÚN POR LO QUE DICEN, SE AGARRARON A BALAZOS Y LES MATÓ A OTRO CHERIFE. ♫♬
♫♬ DECÍA GREGORIO CORTEZ CON SU PISTOLA EN LA MANO: ♫♬
"NO CORRAN RINCHES COBARDES, CON UN SOLO MEXICANO".
♫♬ GIRÓ CON RUMBO A LAREDO SIN NINGUNA TIMIDEZ: ♫♬
"¡SÍGANME RINCHES COBARDES, YO SOY GREGORIO CORTEZ!"
¡OH! ¡YA SÉ LO QUE OCURRE AHORA!

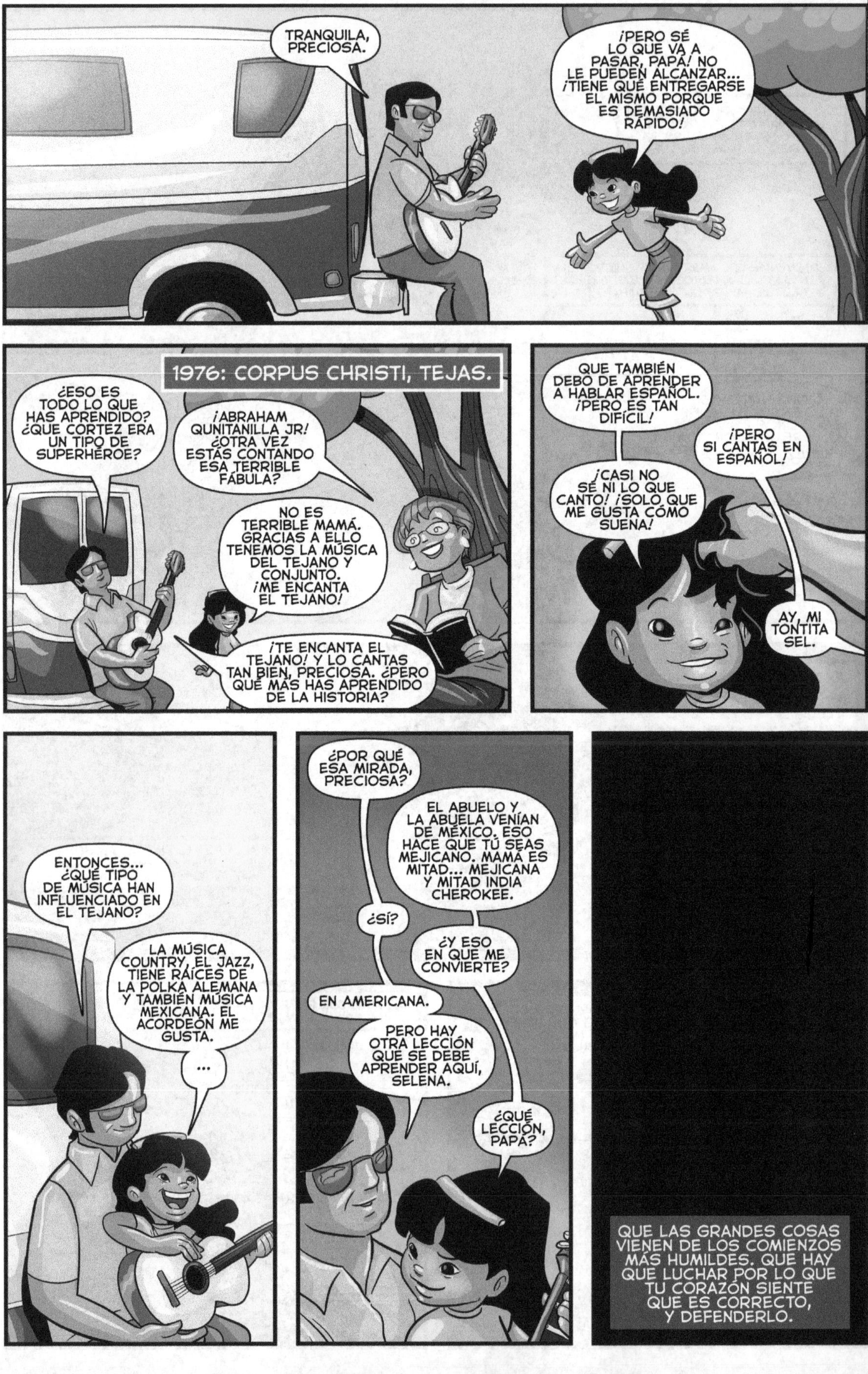

TRANQUILA, PRECIOSA.
¡PERO SÉ LO QUE VA A PASAR, PAPÁ! NO LE PUEDEN ALCANZAR... ¡TIENE QUÉ ENTREGARSE EL MISMO PORQUE ES DEMASIADO RÁPIDO!
1976: CORPUS CHRISTI, TEJAS.
¿ESO ES TODO LO QUE HAS APRENDIDO? ¿QUE CORTEZ ERA UN TIPO DE SUPERHÉROE?
¡ABRAHAM QUNITANILLA JR! ¿OTRA VEZ ESTÁS CONTANDO ESA TERRIBLE FÁBULA?
NO ES TERRIBLE MAMÁ. GRACIAS A ELLO TENEMOS LA MÚSICA DEL TEJANO Y CONJUNTO. ¡ME ENCANTA EL TEJANO!
¡TE ENCANTA EL TEJANO! Y LO CANTAS TAN BIEN, PRECIOSA. ¿PERO QUÉ MÁS HAS APRENDIDO DE LA HISTORIA?
QUE TAMBIÉN DEBO DE APRENDER A HABLAR ESPAÑOL. ¡PERO ES TAN DIFÍCIL!
¡PERO SI CANTAS EN ESPAÑOL!
¡CASI NO SÉ NI LO QUE CANTO! ¡SOLO QUE ME GUSTA CÓMO SUENA!
AY, MI TONTITA SEL.
ENTONCES... ¿QUÉ TIPO DE MÚSICA HAN INFLUENCIADO EN EL TEJANO?
LA MÚSICA COUNTRY, EL JAZZ, TIENE RAÍCES DE LA POLKA ALEMANA Y TAMBIÉN MÚSICA MEXICANA. EL ACORDEÓN ME GUSTA.
...
¿POR QUÉ ESA MIRADA, PRECIOSA?
EL ABUELO Y LA ABUELA VENÍAN DE MÉXICO. ESO HACE QUE TÚ SEAS MEJICANO. MAMÁ ES MITAD... MEJICANA Y MITAD INDIA CHEROKEE.
¿SÍ?
¿Y ESO EN QUE ME CONVIERTE?
EN AMERICANA.
PERO HAY OTRA LECCIÓN QUE SE DEBE APRENDER AQUÍ, SELENA.
¿QUÉ LECCIÓN, PAPÁ?
QUE LAS GRANDES COSAS VIENEN DE LOS COMIENZOS MÁS HUMILDES. QUE HAY QUE LUCHAR POR LO QUE TU CORAZÓN SIENTE QUE ES CORRECTO, Y DEFENDERLO.

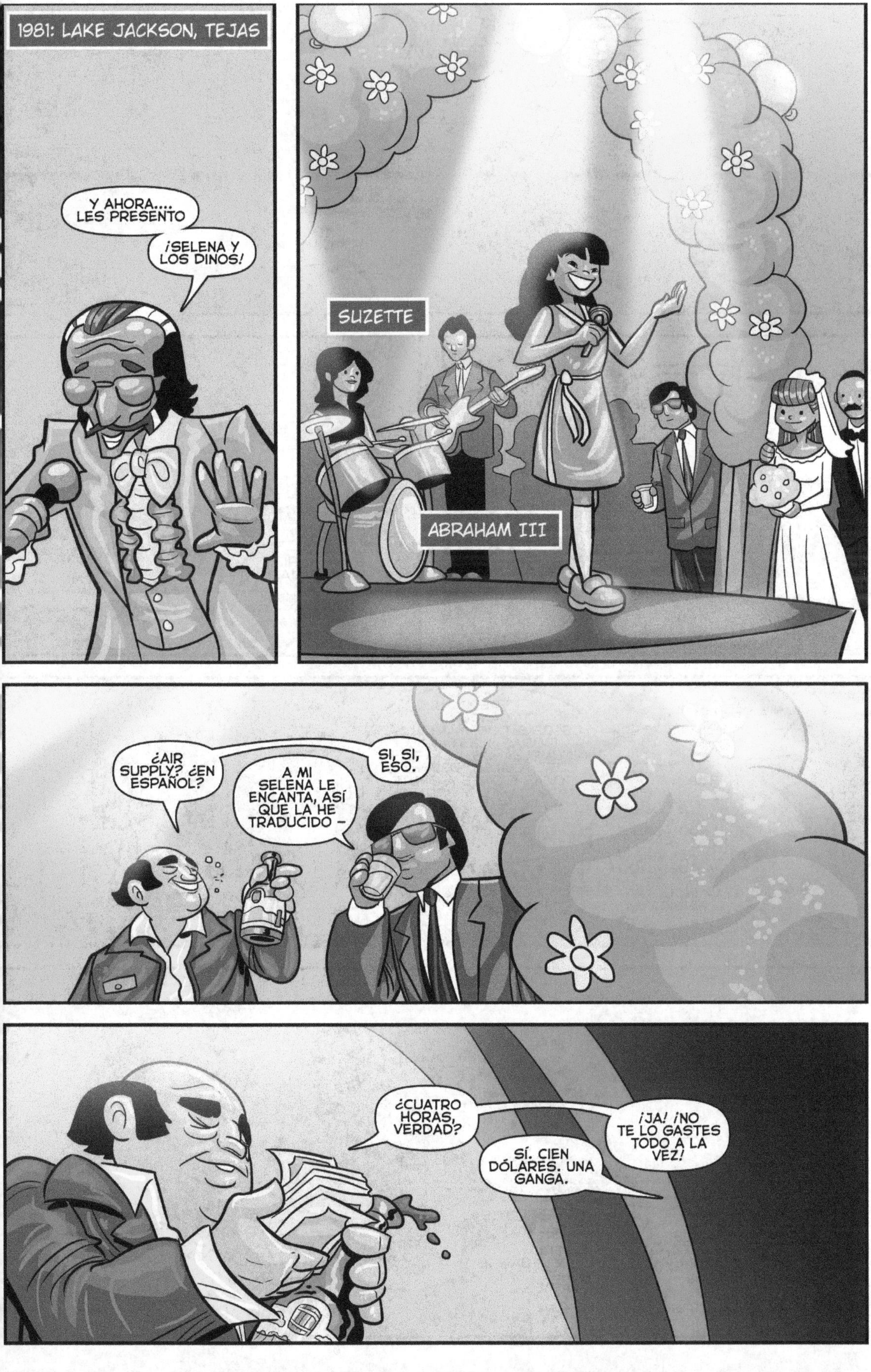
1981: LAKE JACKSON, TEJAS
Y AHORA.... LES PRESENTO
¡SELENA Y LOS DINOS!
SUZETTE
ABRAHAM III
¿AIR SUPPLY? ¿EN ESPAÑOL?
A MI SELENA LE ENCANTA, ASÍ QUE LA HE TRADUCIDO –
SI, SI, ESO.
¿CUATRO HORAS, VERDAD?
SÍ. CIEN DÓLARES. UNA GANGA.
¡JA! ¡NO TE LO GASTES TODO A LA VEZ!

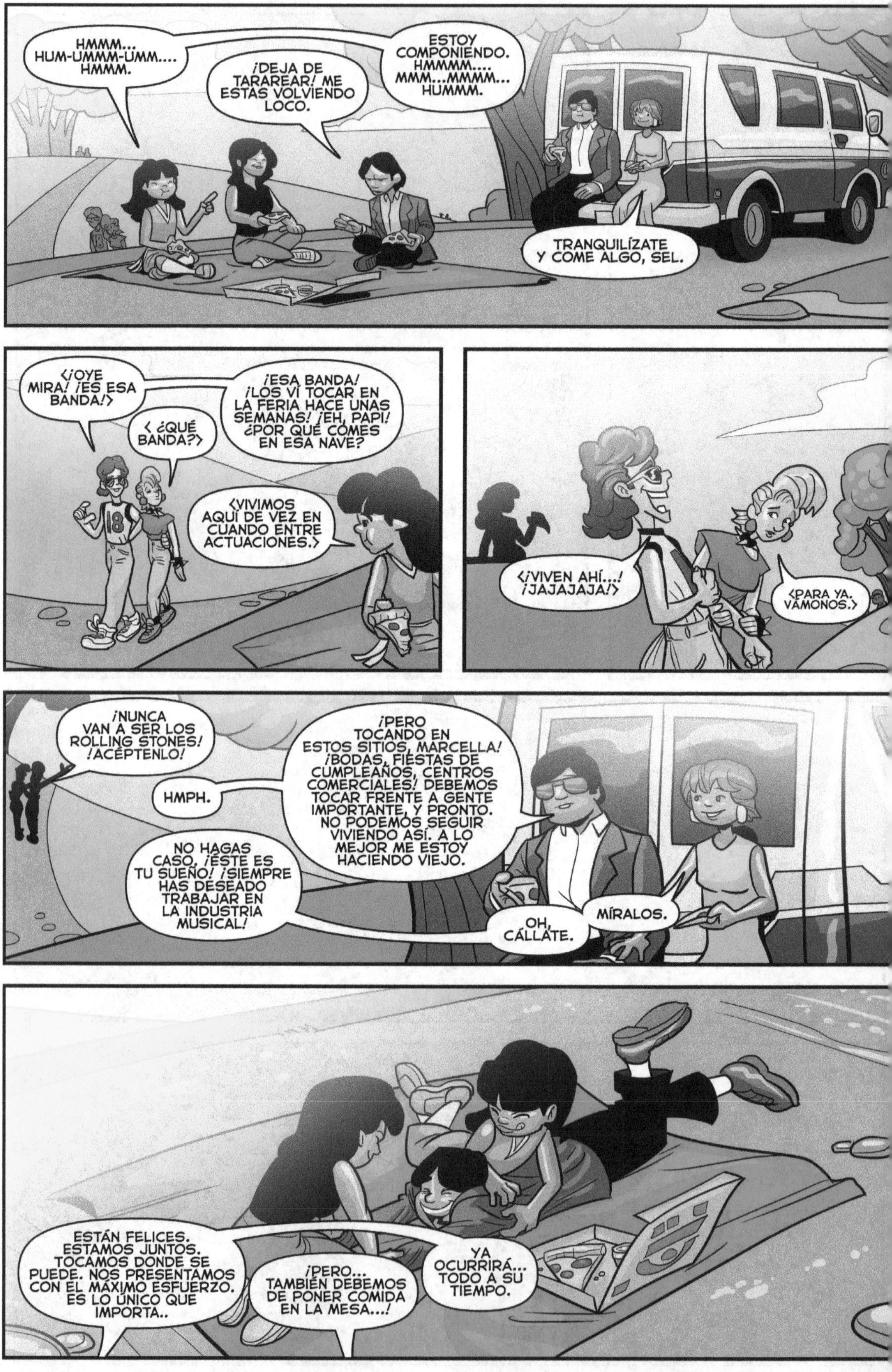
HMMM... HUM-UMMM-UMM.... HMMM.
¡DEJA DE TARAREAR! ME ESTAS VOLVIENDO LOCO.
ESTOY COMPONIENDO. HMMMM.... MMM...MMMM... HUMMM.
TRANQUILÍZATE Y COME ALGO, SEL.
<¡OYE MIRA! ¡ES ESA BANDA!>
< ¿QUÉ BANDA?>
¡ESA BANDA! ¡LOS VÍ TOCAR EN LA FERIA HACE UNAS SEMANAS! ¡EH, PAPI! ¿POR QUÉ COMES EN ESA NAVE?
<VIVIMOS AQUÍ DE VEZ EN CUANDO ENTRE ACTUACIONES.>
<¡VIVEN AHÍ...! ¡JAJAJAJA!>
<PARA YA. VÁMONOS.>
¡NUNCA VAN A SER LOS ROLLING STONES! ¡ACÉPTENLO!
HMPH.
¡PERO TOCANDO EN ESTOS SITIOS, MARCELLA! ¡BODAS, FIESTAS DE CUMPLEAÑOS, CENTROS COMERCIALES! DEBEMOS TOCAR FRENTE A GENTE IMPORTANTE, Y PRONTO. NO PODEMOS SEGUIR VIVIENDO ASÍ. A LO MEJOR ME ESTOY HACIENDO VIEJO.
NO HAGAS CASO. ¡ÉSTE ES TU SUEÑO! ¡SIEMPRE HAS DESEADO TRABAJAR EN LA INDUSTRIA MUSICAL!
OH, CÁLLATE.
MÍRALOS.
ESTÁN FELICES. ESTAMOS JUNTOS. TOCAMOS DONDE SE PUEDE. NOS PRESENTAMOS CON EL MÁXIMO ESFUERZO. ES LO ÚNICO QUE IMPORTA..
¡PERO... TAMBIÉN DEBEMOS DE PONER COMIDA EN LA MESA...!
YA OCURRIRÁ... TODO A SU TIEMPO.

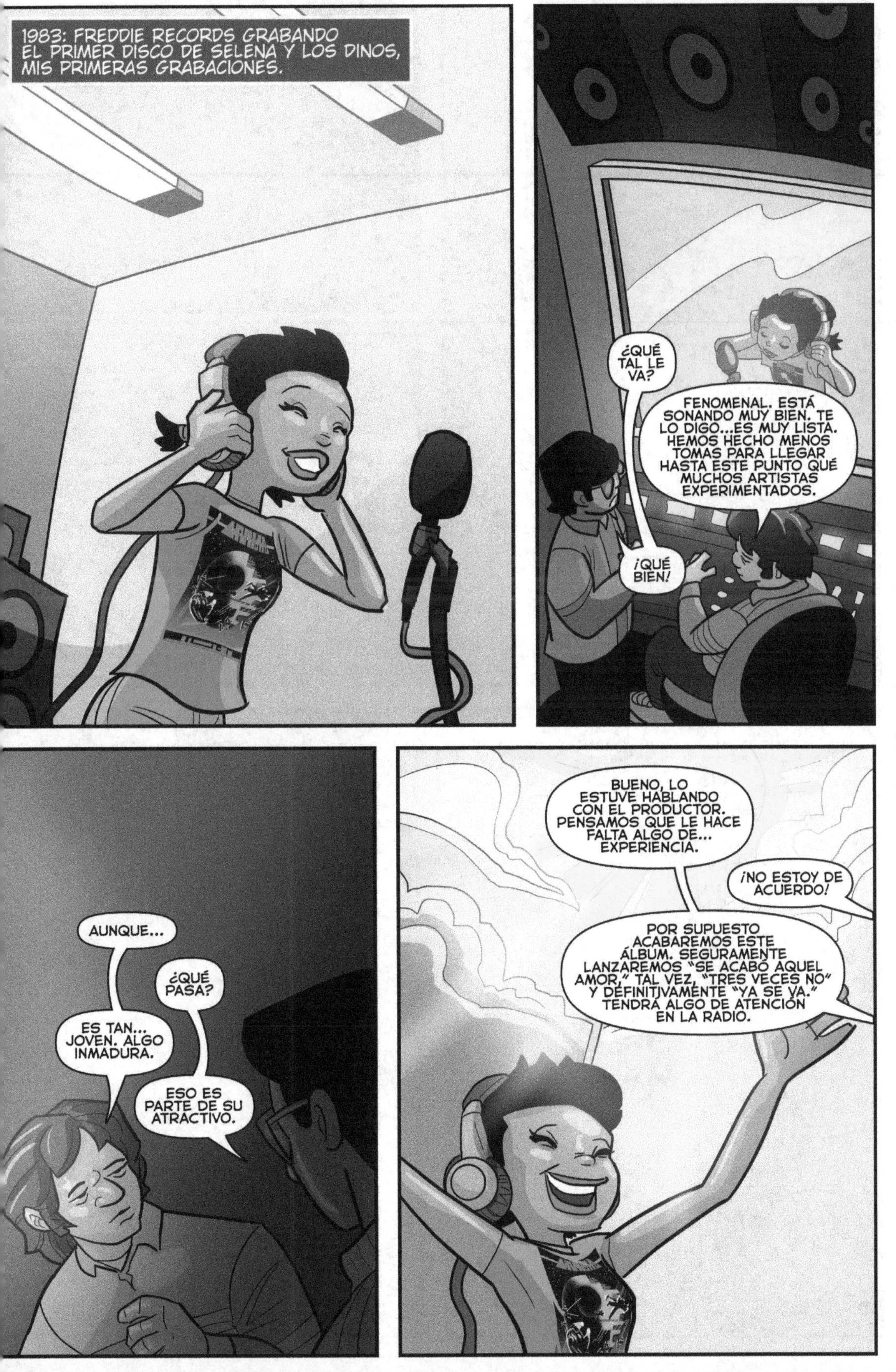

1983: FREDDIE RECORDS GRABANDO EL PRIMER DISCO DE SELENA Y LOS DINOS, MIS PRIMERAS GRABACIONES.
¿QUÉ TAL LE VA?
FENOMENAL. ESTÁ SONANDO MUY BIEN. TE LO DIGO...ES MUY LISTA. HEMOS HECHO MENOS TOMAS PARA LLEGAR HASTA ESTE PUNTO QUÉ MUCHOS ARTISTAS EXPERIMENTADOS.
¡QUÉ BIEN!
AUNQUE...
¿QUÉ PASA?
ES TAN... JOVEN. ALGO INMADURA.
ESO ES PARTE DE SU ATRACTIVO.
BUENO, LO ESTUVE HABLANDO CON EL PRODUCTOR. PENSAMOS QUE LE HACE FALTA ALGO DE... EXPERIENCIA.
¡NO ESTOY DE ACUERDO!
POR SUPUESTO ACABAREMOS ESTE ÁLBUM. SEGURAMENTE LANZAREMOS "SE ACABÓ AQUEL AMOR," TAL VEZ, "TRES VECES NO" Y DEFINITIVAMENTE "YA SE VA." TENDRÁ ALGO DE ATENCIÓN EN LA RADIO.

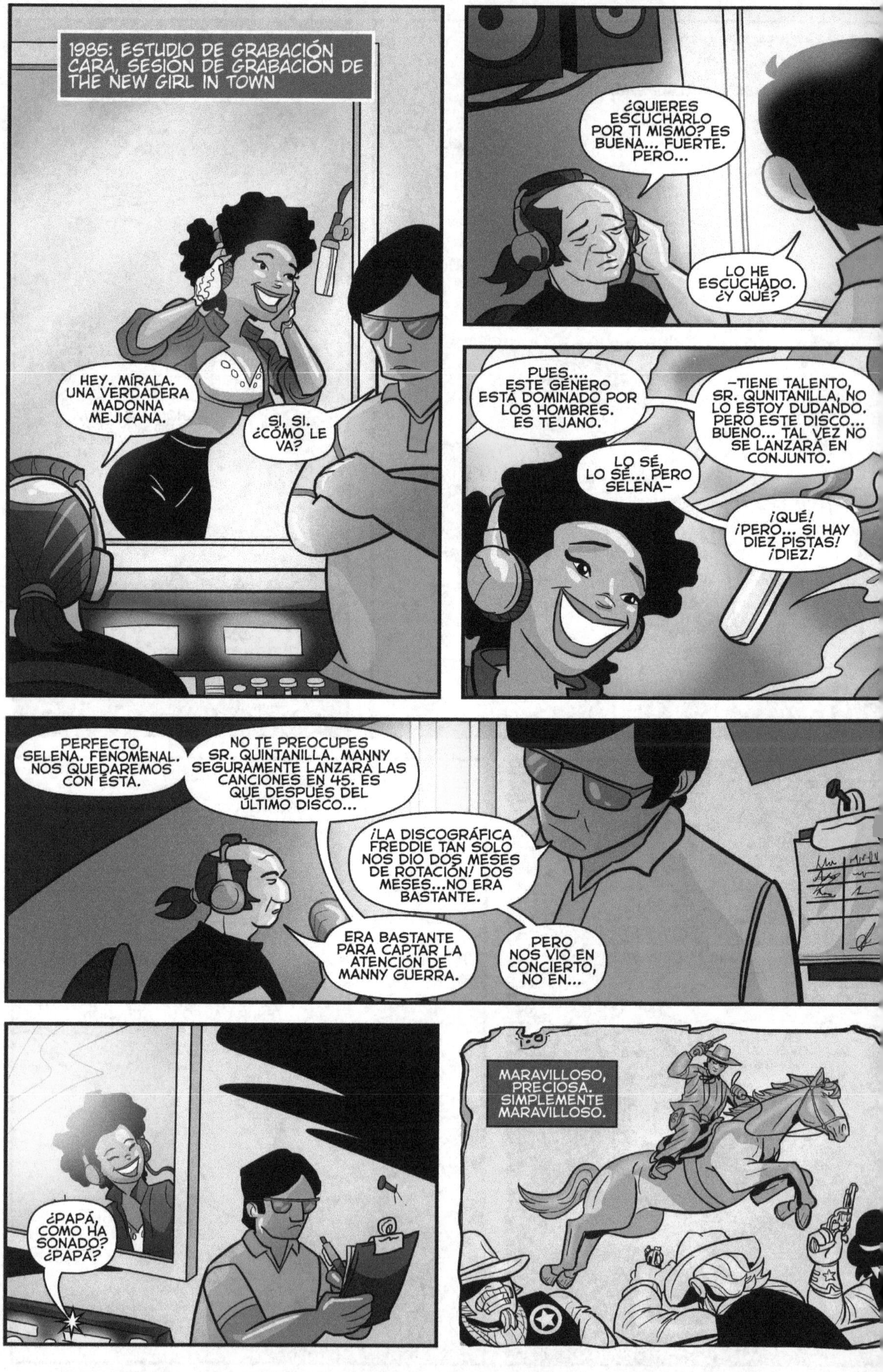

1985: ESTUDIO DE GRABACIÓN CARA, SESIÓN DE GRABACIÓN DE THE NEW GIRL IN TOWN
HEY. MÍRALA. UNA VERDADERA MADONNA MEJICANA.
SI, SI. ¿CÓMO LE VA?
¿QUIERES ESCUCHARLO POR TI MISMO? ES BUENA... FUERTE. PERO...
LO HE ESCUCHADO. ¿Y QUÉ?
PUES... ESTE GÉNERO ESTÁ DOMINADO POR LOS HOMBRES. ES TEJANO.
—TIENE TALENTO, SR. QUNITANILLA, NO LO ESTOY DUDANDO. PERO ESTE DISCO... BUENO... TAL VEZ NO SE LANZARÁ EN CONJUNTO.
LO SÉ, LO SÉ... PERO SELENA—
¡QUÉ! ¡PERO... SI HAY DIEZ PISTAS! ¡DIEZ!
PERFECTO, SELENA. FENOMENAL. NOS QUEDAREMOS CON ÉSTA.
NO TE PREOCUPES SR. QUINTANILLA. MANNY SEGURAMENTE LANZARÁ LAS CANCIONES EN 45. ES QUE DESPUÉS DEL ÚLTIMO DISCO...
¡LA DISCOGRÁFICA FREDDIE TAN SOLO NOS DIO DOS MESES DE ROTACIÓN! DOS MESES...NO ERA BASTANTE.
ERA BASTANTE PARA CAPTAR LA ATENCIÓN DE MANNY GUERRA.
PERO NOS VIO EN CONCIERTO, NO EN...
¿PAPÁ, COMO HA SONADO? ¿PAPÁ?
MARAVILLOSO, PRECIOSA. SIMPLEMENTE MARAVILLOSO.

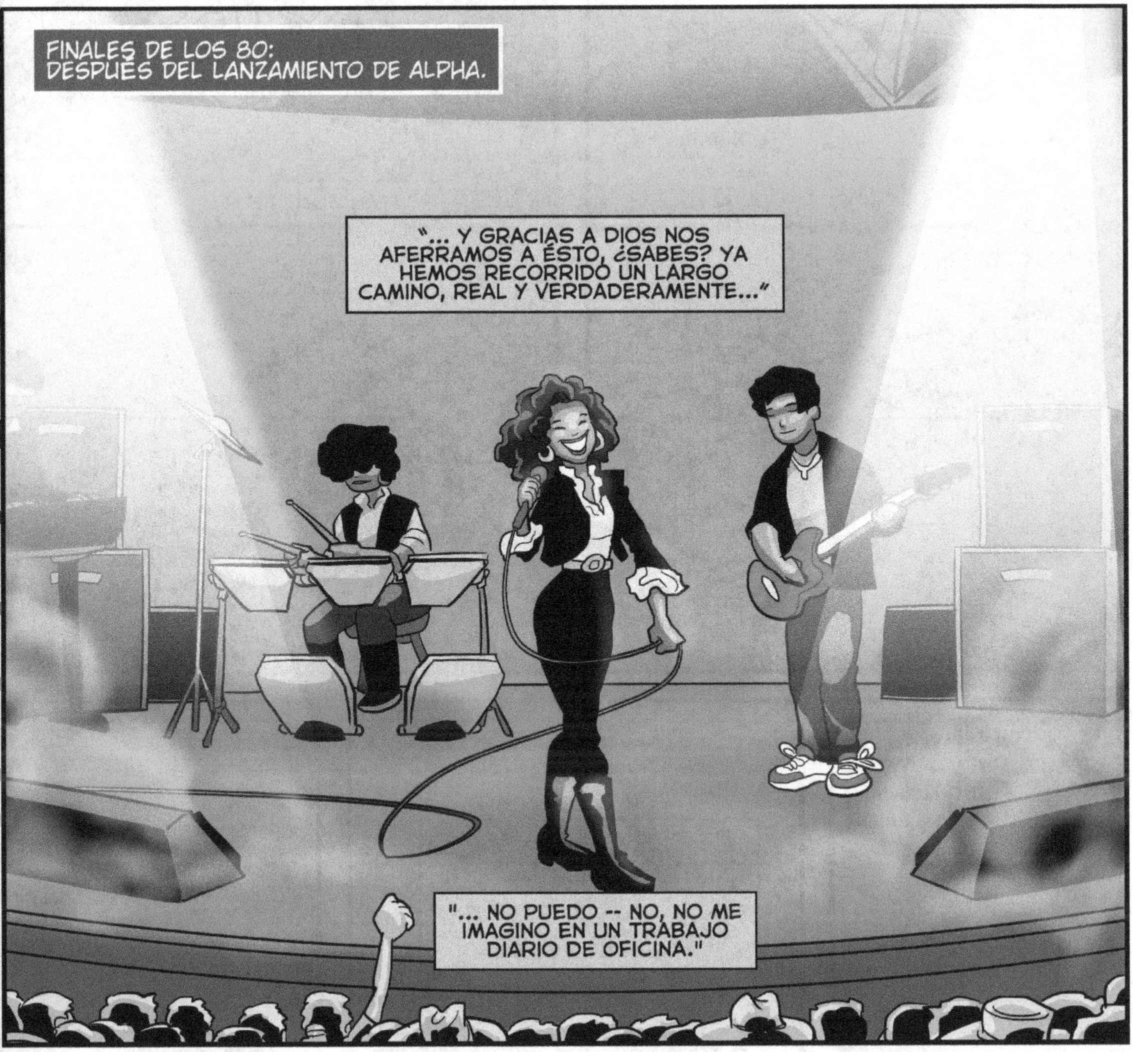
FINALES DE LOS 80:
DESPUÉS DEL LANZAMIENTO DE ALPHA.
"... Y GRACIAS A DIOS NOS AFERRAMOS A ÉSTO, ¿SABES? YA HEMOS RECORRIDO UN LARGO CAMINO, REAL Y VERDADERAMENTE..."
"... NO PUEDO -- NO, NO ME IMAGINO EN UN TRABAJO DIARIO DE OFICINA."

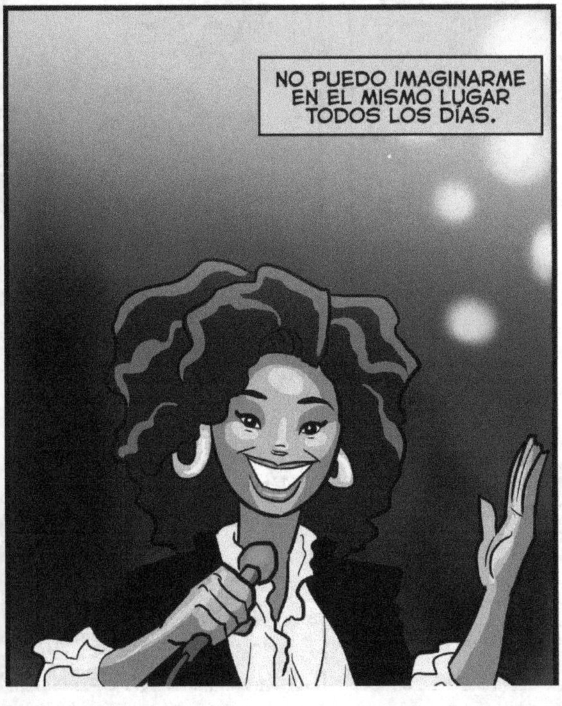
NO PUEDO IMAGINARME EN EL MISMO LUGAR TODOS LOS DÍAS.

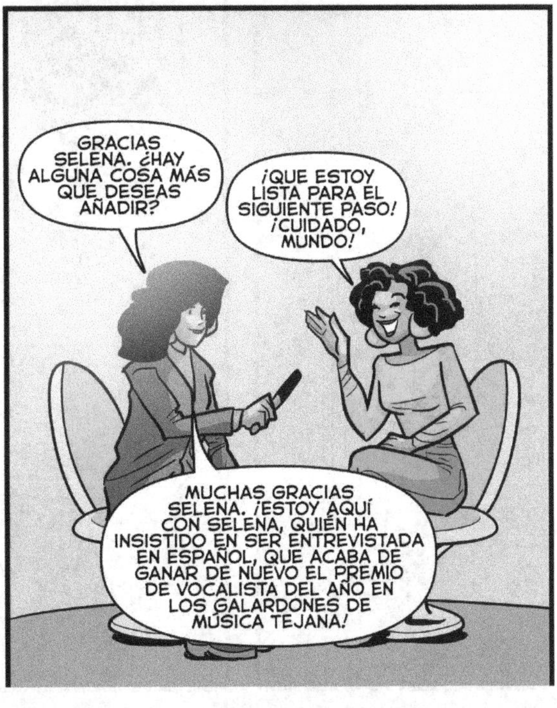
GRACIAS SELENA. ¿HAY ALGUNA COSA MÁS QUE DESEAS AÑADIR?
¡QUE ESTOY LISTA PARA EL SIGUIENTE PASO! ¡CUIDADO, MUNDO!
MUCHAS GRACIAS SELENA. ¡ESTOY AQUÍ CON SELENA, QUIÉN HA INSISTIDO EN SER ENTREVISTADA EN ESPAÑOL, QUE ACABA DE GANAR DE NUEVO EL PREMIO DE VOCALISTA DEL AÑO EN LOS GALARDONES DE MÚSICA TEJANA!

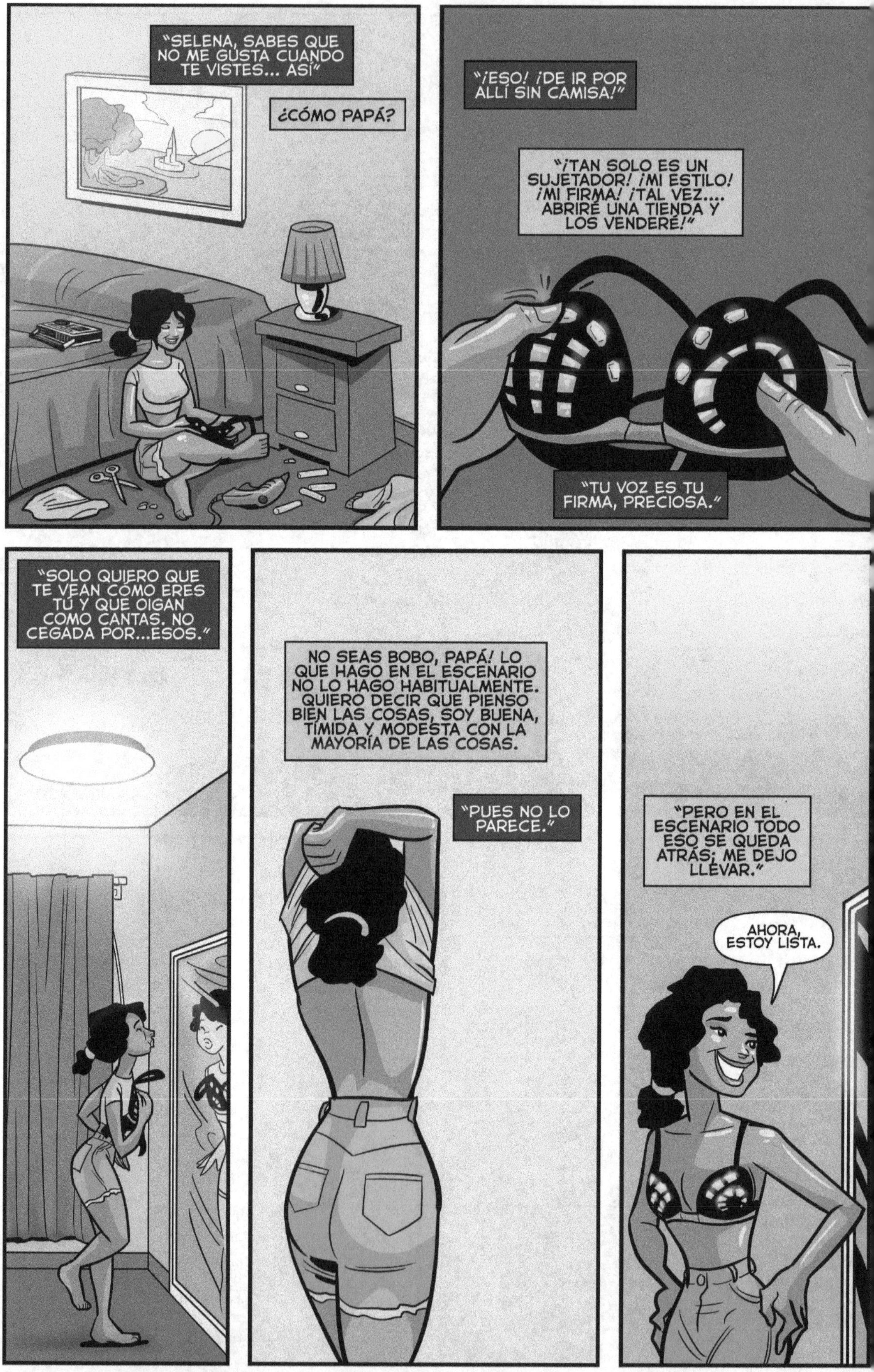
"SELENA, SABES QUE NO ME GUSTA CUANDO TE VISTES... ASÍ"
¿CÓMO PAPÁ?
"¡ESO! ¡DE IR POR ALLÍ SIN CAMISA!"
"¡TAN SOLO ES UN SUJETADOR! ¡MI ESTILO! ¡MI FIRMA! ¡TAL VEZ.... ABRIRÉ UNA TIENDA Y LOS VENDERÉ!"
"TU VOZ ES TU FIRMA, PRECIOSA."
"SOLO QUIERO QUE TE VEAN COMO ERES TÚ Y QUE OIGAN COMO CANTAS. NO CEGADA POR...ESOS."
NO SEAS BOBO, PAPÁ! LO QUE HAGO EN EL ESCENARIO NO LO HAGO HABITUALMENTE. QUIERO DECIR QUE PIENSO BIEN LAS COSAS, SOY BUENA, TÍMIDA Y MODESTA CON LA MAYORÍA DE LAS COSAS.
"PUES NO LO PARECE."
"PERO EN EL ESCENARIO TODO ESO SE QUEDA ATRÁS; ME DEJO LLEVAR."
AHORA, ESTOY LISTA.

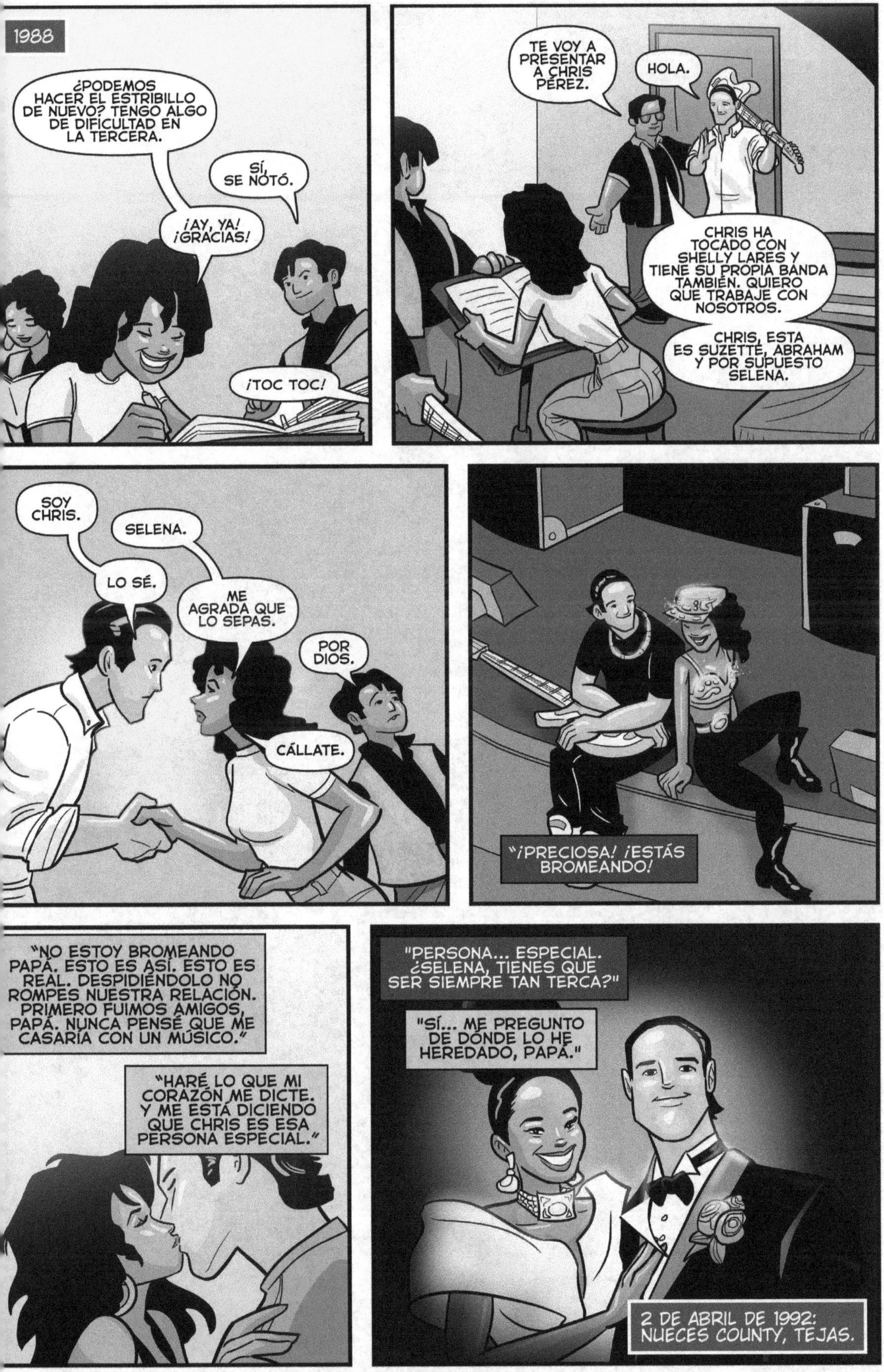
1988
¿PODEMOS HACER EL ESTRIBILLO DE NUEVO? TENGO ALGO DE DIFICULTAD EN LA TERCERA.
SÍ, SE NOTÓ.
¡AY, YA! ¡GRACIAS!
¡TOC TOC!
TE VOY A PRESENTAR A CHRIS PÉREZ.
HOLA.
CHRIS HA TOCADO CON SHELLY LARES Y TIENE SU PROPIA BANDA TAMBIÉN. QUIERO QUE TRABAJE CON NOSOTROS.
CHRIS, ESTA ES SUZETTE, ABRAHAM Y POR SUPUESTO SELENA.
SOY CHRIS.
SELENA.
LO SÉ.
ME AGRADA QUE LO SEPAS.
POR DIOS.
CÁLLATE.
"¡PRECIOSA! ¡ESTÁS BROMEANDO!
"NO ESTOY BROMEANDO PAPÁ. ESTO ES ASÍ. ESTO ES REAL. DESPIDIÉNDOLO NO ROMPES NUESTRA RELACIÓN. PRIMERO FUIMOS AMIGOS, PAPÁ. NUNCA PENSÉ QUE ME CASARÍA CON UN MÚSICO."
"HARÉ LO QUE MI CORAZÓN ME DICTE. Y ME ESTÁ DICIENDO QUE CHRIS ES ESA PERSONA ESPECIAL."
"PERSONA... ESPECIAL. ¿SELENA, TIENES QUE SER SIEMPRE TAN TERCA?"
"SÍ... ME PREGUNTO DE DÓNDE LO HE HEREDADO, PAPÁ."
2 DE ABRIL DE 1992: NUECES COUNTY, TEJAS.

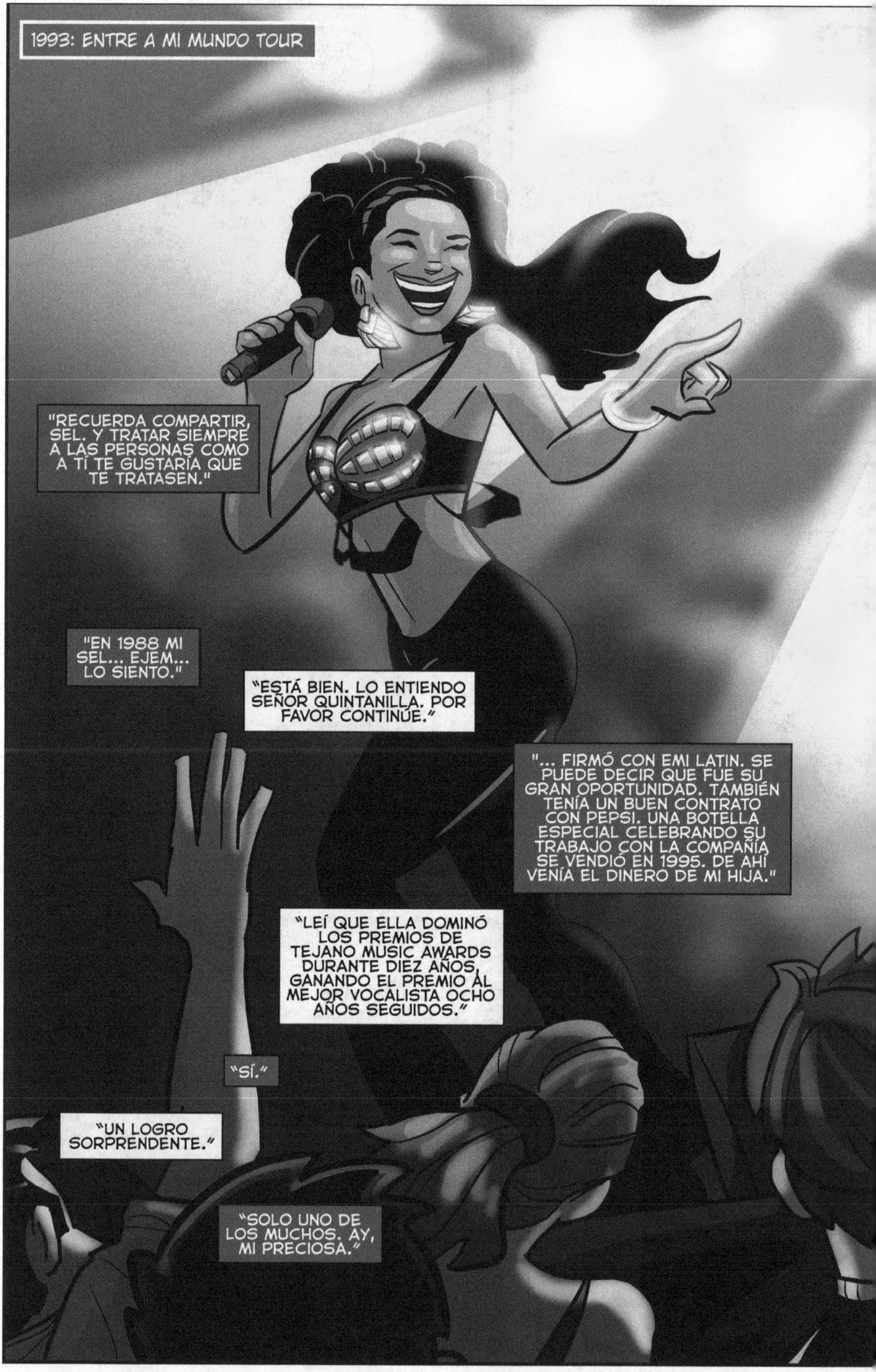
1993: ENTRE A MI MUNDO TOUR
"RECUERDA COMPARTIR, SEL. Y TRATAR SIEMPRE A LAS PERSONAS COMO A TÍ TE GUSTARÍA QUE TE TRATASEN."
"EN 1988 MI SEL... EJEM... LO SIENTO."
"ESTÁ BIEN. LO ENTIENDO SEÑOR QUINTANILLA. POR FAVOR CONTINÚE."
"... FIRMÓ CON EMI LATIN. SE PUEDE DECIR QUE FUE SU GRAN OPORTUNIDAD. TAMBIÉN TENÍA UN BUEN CONTRATO CON PEPSI. UNA BOTELLA ESPECIAL CELEBRANDO SU TRABAJO CON LA COMPAÑÍA SE VENDIÓ EN 1995. DE AHÍ VENÍA EL DINERO DE MI HIJA."
"LEÍ QUE ELLA DOMINÓ LOS PREMIOS DE TEJANO MUSIC AWARDS DURANTE DIEZ AÑOS, GANANDO EL PREMIO AL MEJOR VOCALISTA OCHO AÑOS SEGUIDOS."
"SÍ."
"UN LOGRO SORPRENDENTE."
"SOLO UNO DE LOS MUCHOS. AY, MI PRECIOSA."

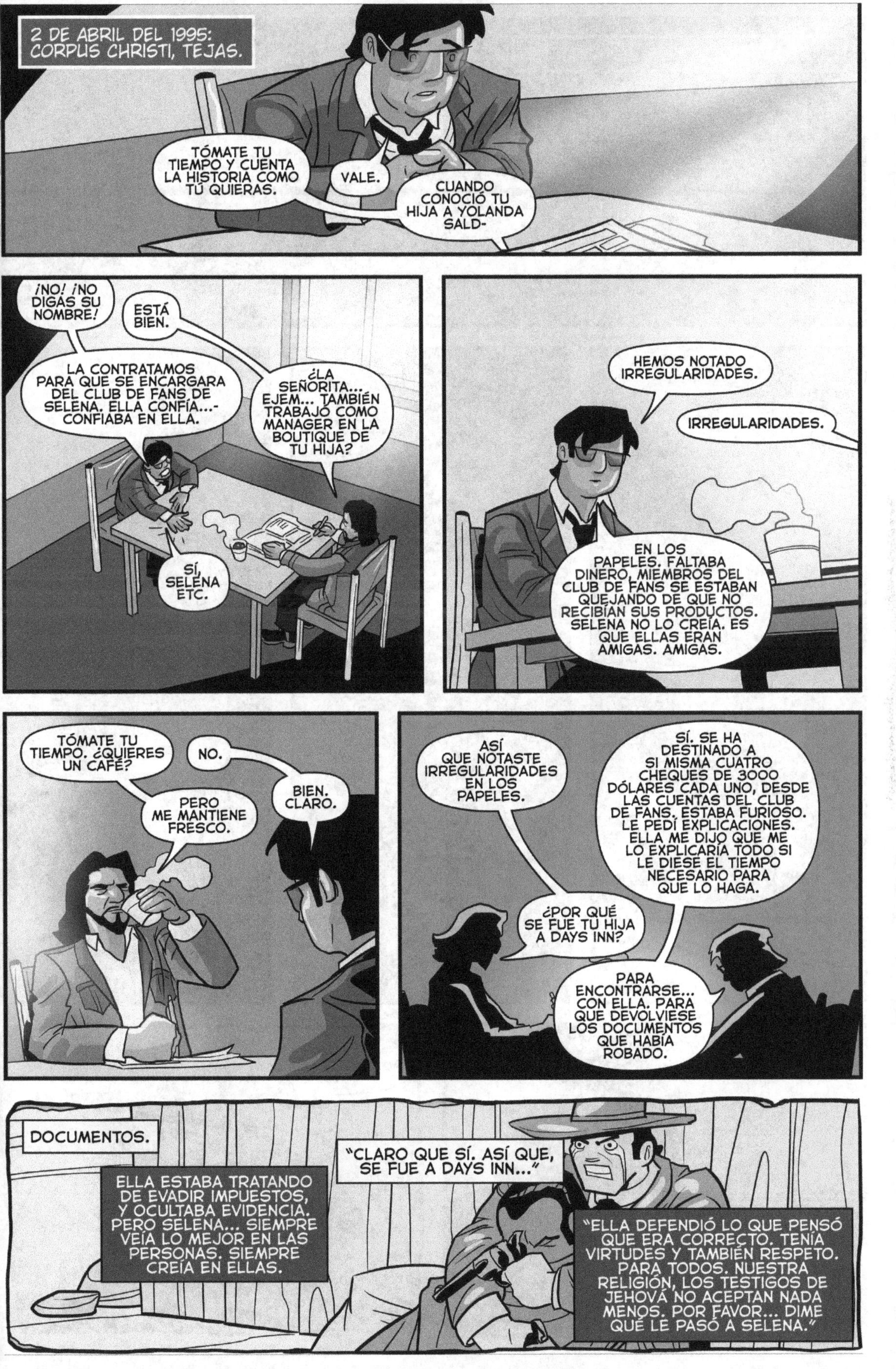
2 DE ABRIL DEL 1995: CORPUS CHRISTI, TEJAS.
TÓMATE TU TIEMPO Y CUENTA LA HISTORIA COMO TÚ QUIERAS.
VALE.
CUANDO CONOCIÓ TU HIJA A YOLANDA SALD-
¡NO! ¡NO DIGÁS SU NOMBRE!
ESTÁ BIEN.
LA CONTRATAMOS PARA QUE SE ENCARGARA DEL CLUB DE FANS DE SELENA. ELLA CONFÍA...- CONFIABA EN ELLA.
¿LA SEÑORITA... EJEM... TAMBIÉN TRABAJÓ COMO MANAGER EN LA BOUTIQUE DE TU HIJA?
SÍ, SELENA ETC.
HEMOS NOTADO IRREGULARIDADES.
IRREGULARIDADES.
EN LOS PAPELES. FALTABA DINERO, MIEMBROS DEL CLUB DE FANS SE ESTABAN QUEJANDO DE QUE NO RECIBÍAN SUS PRODUCTOS. SELENA NO LO CREÍA. ES QUE ELLAS ERAN AMIGAS. AMIGAS.
TÓMATE TU TIEMPO. ¿QUIERES UN CAFÉ?
NO.
PERO ME MANTIENE FRESCO.
BIEN. CLARO.
ASÍ QUE NOTASTE IRREGULARIDADES EN LOS PAPELES.
SÍ. SE HA DESTINADO A SI MISMA CUATRO CHEQUES DE 3000 DÓLARES CADA UNO, DESDE LAS CUENTAS DEL CLUB DE FANS. ESTABA FURIOSO. LE PEDÍ EXPLICACIONES. ELLA ME DIJO QUE ME LO EXPLICARÍA TODO SI LE DIESE EL TIEMPO NECESARIO PARA QUE LO HAGA.
¿POR QUÉ SE FUE TU HIJA A DAYS INN?
PARA ENCONTRARSE... CON ELLA. PARA QUE DEVOLVIESE LOS DOCUMENTOS QUE HABÍA ROBADO.
DOCUMENTOS.
ELLA ESTABA TRATANDO DE EVADIR IMPUESTOS, Y OCULTABA EVIDENCIA. PERO SELENA... SIEMPRE VEÍA LO MEJOR EN LAS PERSONAS. SIEMPRE CREÍA EN ELLAS.
"CLARO QUE SÍ. ASÍ QUE, SE FUE A DAYS INN..."
"ELLA DEFENDIÓ LO QUE PENSÓ QUE ERA CORRECTO. TENÍA VIRTUDES Y TAMBIÉN RESPETO. PARA TODOS. NUESTRA RELIGIÓN, LOS TESTIGOS DE JEHOVÁ NO ACEPTAN NADA MENOS. POR FAVOR... DIME QUÉ LE PASÓ A SELENA."

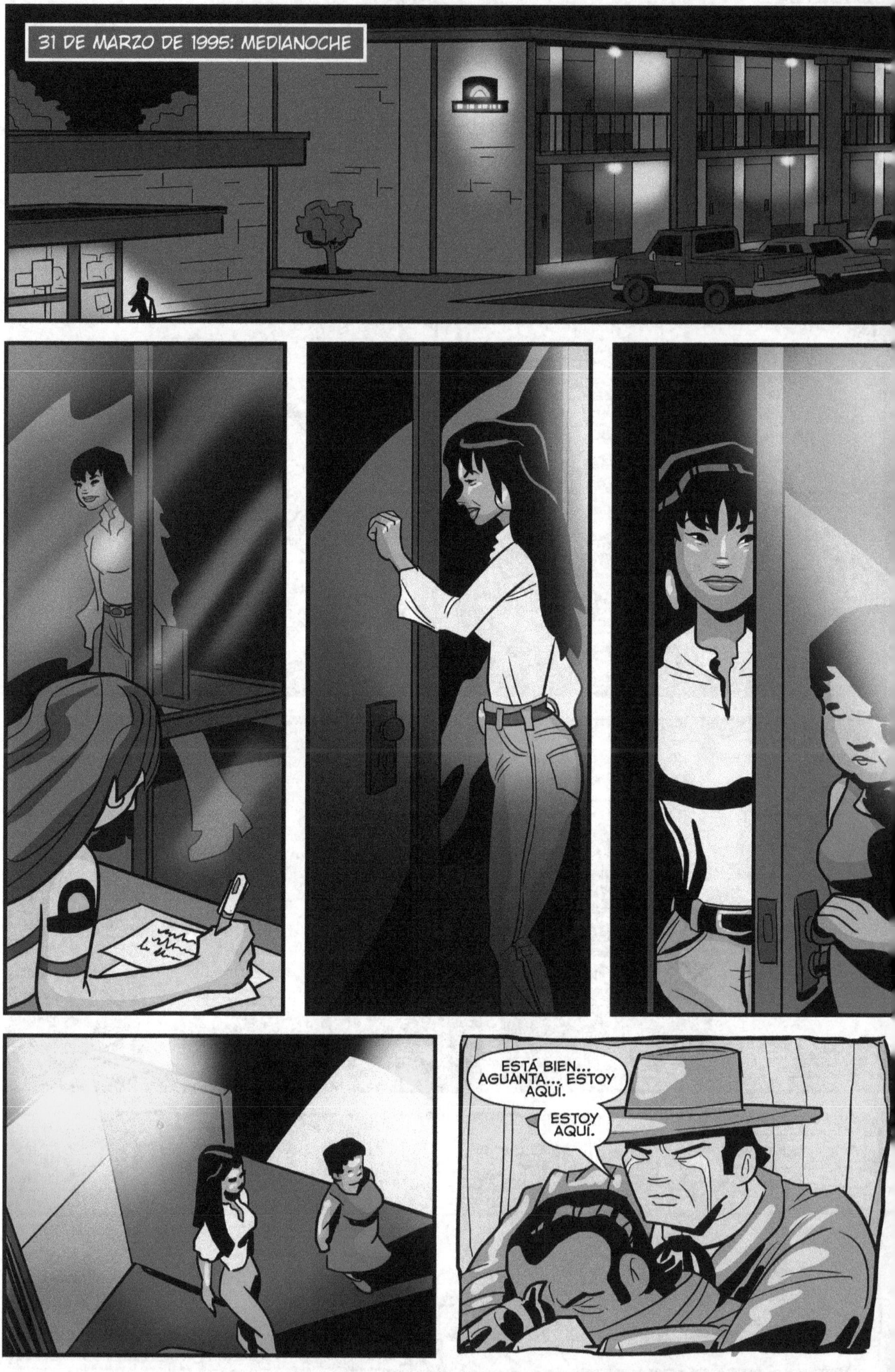
31 DE MARZO DE 1995: MEDIANOCHE
ESTÁ BIEN... AGUANTA... ESTOY AQUÍ.
ESTOY AQUÍ.

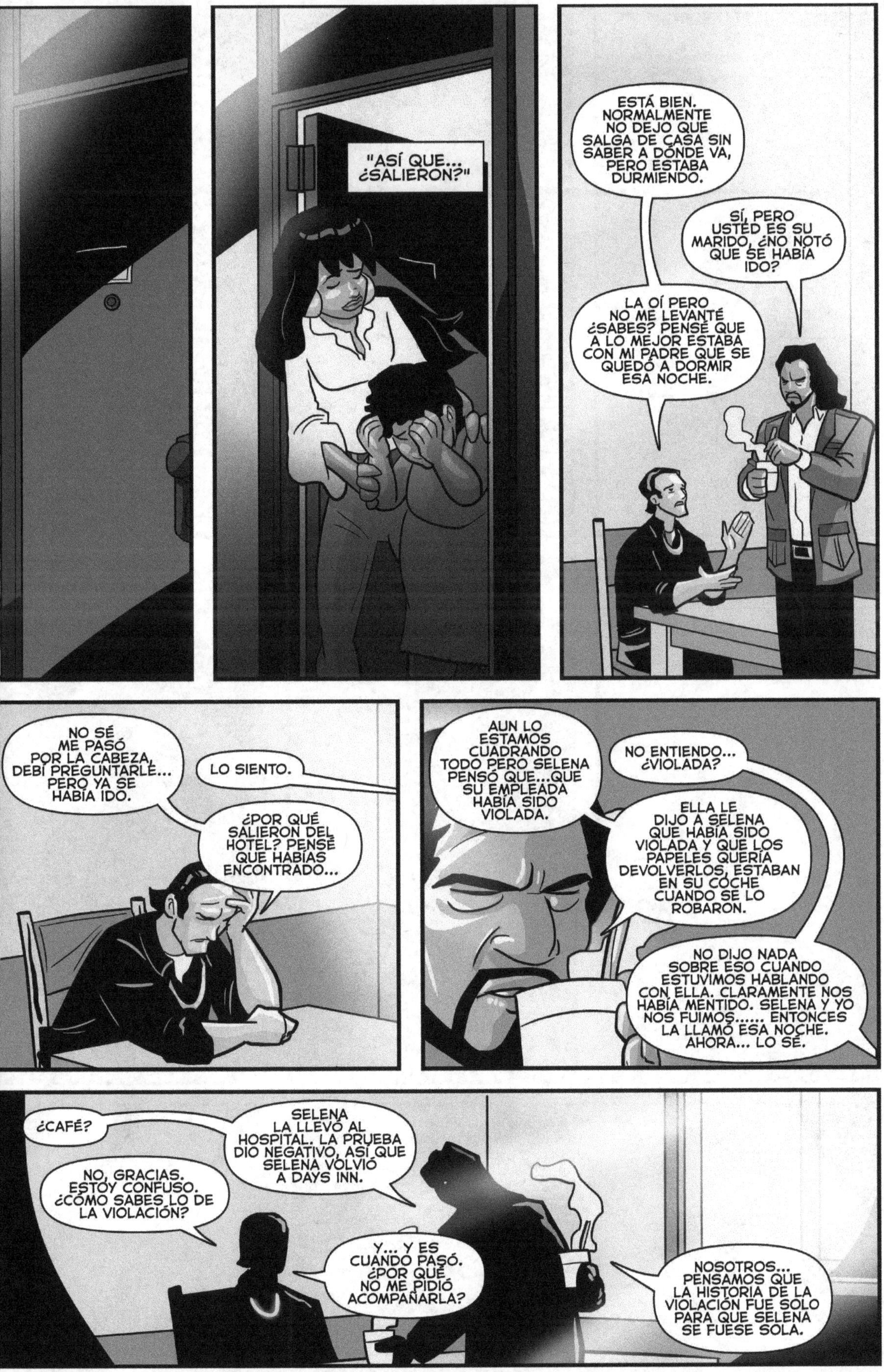
"ASÍ QUE... ¿SALIERON?"
ESTÁ BIEN. NORMALMENTE NO DEJO QUE SALGA DE CASA SIN SABER A DÓNDE VA, PERO ESTABA DURMIENDO.
SÍ, PERO USTED ES SU MARIDO, ¿NO NOTÓ QUE SE HABÍA IDO?
LA OÍ PERO NO ME LEVANTÉ ¿SABES? PENSÉ QUE A LO MEJOR ESTABA CON MI PADRE QUE SE QUEDÓ A DORMIR ESA NOCHE.
NO SÉ ME PASÓ POR LA CABEZA, DEBÍ PREGUNTARLE... PERO YA SE HABÍA IDO.
LO SIENTO.
¿POR QUÉ SALIERON DEL HOTEL? PENSÉ QUE HABÍAS ENCONTRADO...
AUN LO ESTAMOS CUADRANDO TODO PERO SELENA PENSÓ QUE...QUE SU EMPLEADA HABÍA SIDO VIOLADA.
NO ENTIENDO... ¿VIOLADA?
ELLA LE DIJO A SELENA QUE HABÍA SIDO VIOLADA Y QUE LOS PAPELES QUERÍA DEVOLVERLOS, ESTABAN EN SU COCHE CUANDO SE LO ROBARON.
NO DIJO NADA SOBRE ESO CUANDO ESTUVIMOS HABLANDO CON ELLA. CLARAMENTE NOS HABÍA MENTIDO. SELENA Y YO NOS FUIMOS...... ENTONCES LA LLAMÓ ESA NOCHE. AHORA... LO SÉ.
¿CAFÉ?
SELENA LA LLEVÓ AL HOSPITAL. LA PRUEBA DIO NEGATIVO, ASÍ QUE SELENA VOLVIÓ A DAYS INN.
NO, GRACIAS. ESTOY CONFUSO. ¿CÓMO SABES LO DE LA VIOLACIÓN?
Y... Y ES CUANDO PASÓ. ¿POR QUÉ NO ME PIDIÓ ACOMPAÑARLA?
NOSOTROS... PENSAMOS QUE LA HISTORIA DE LA VIOLACIÓN FUE SOLO PARA QUE SELENA SE FUESE SOLA.

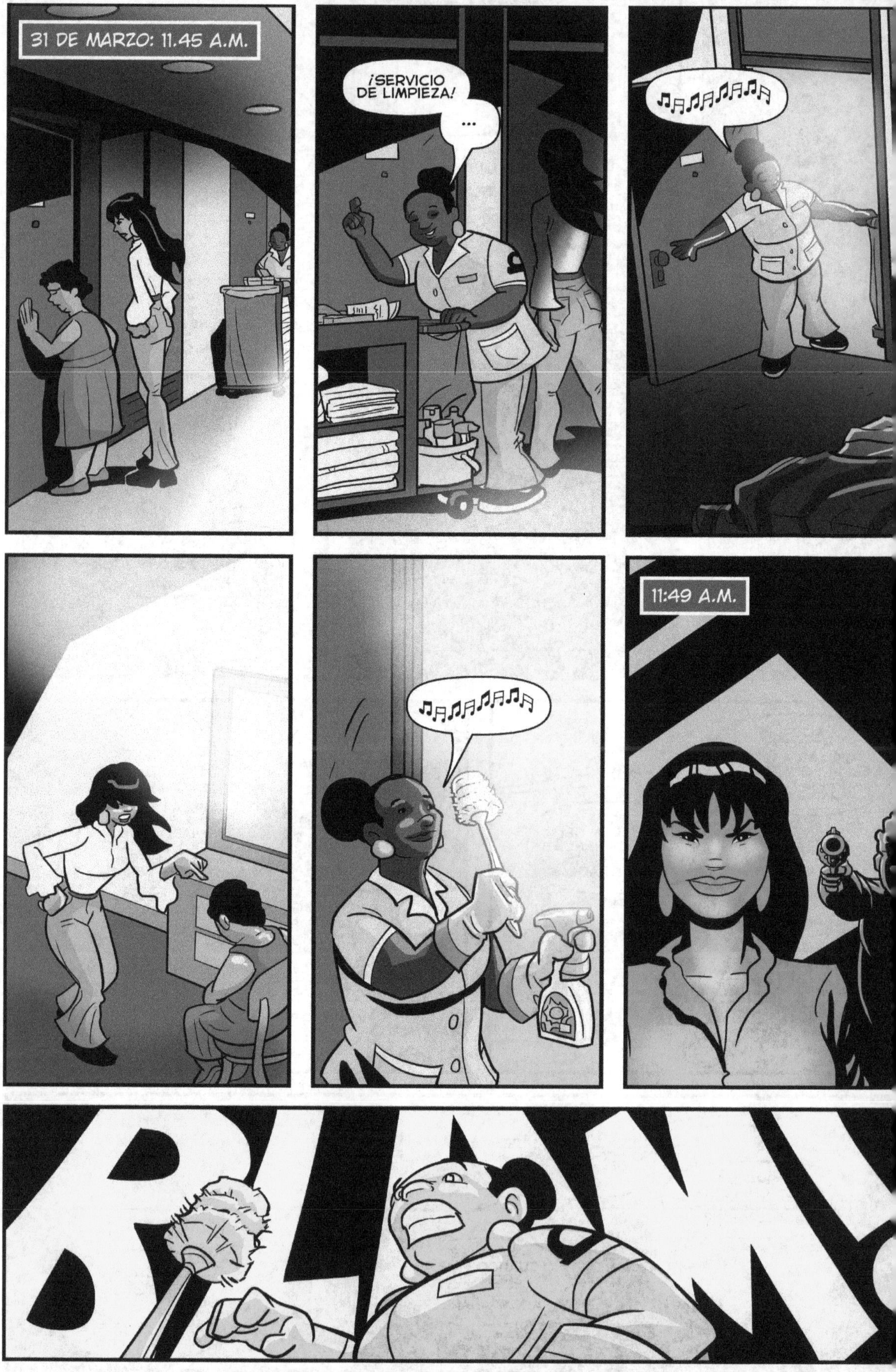
31 DE MARZO: 11.45 A.M.
¡SERVICIO DE LIMPIEZA!
...
♫♬♫♬♫♬♫♬
♫♬♫♬♫♬♫♬
11:49 A.M.

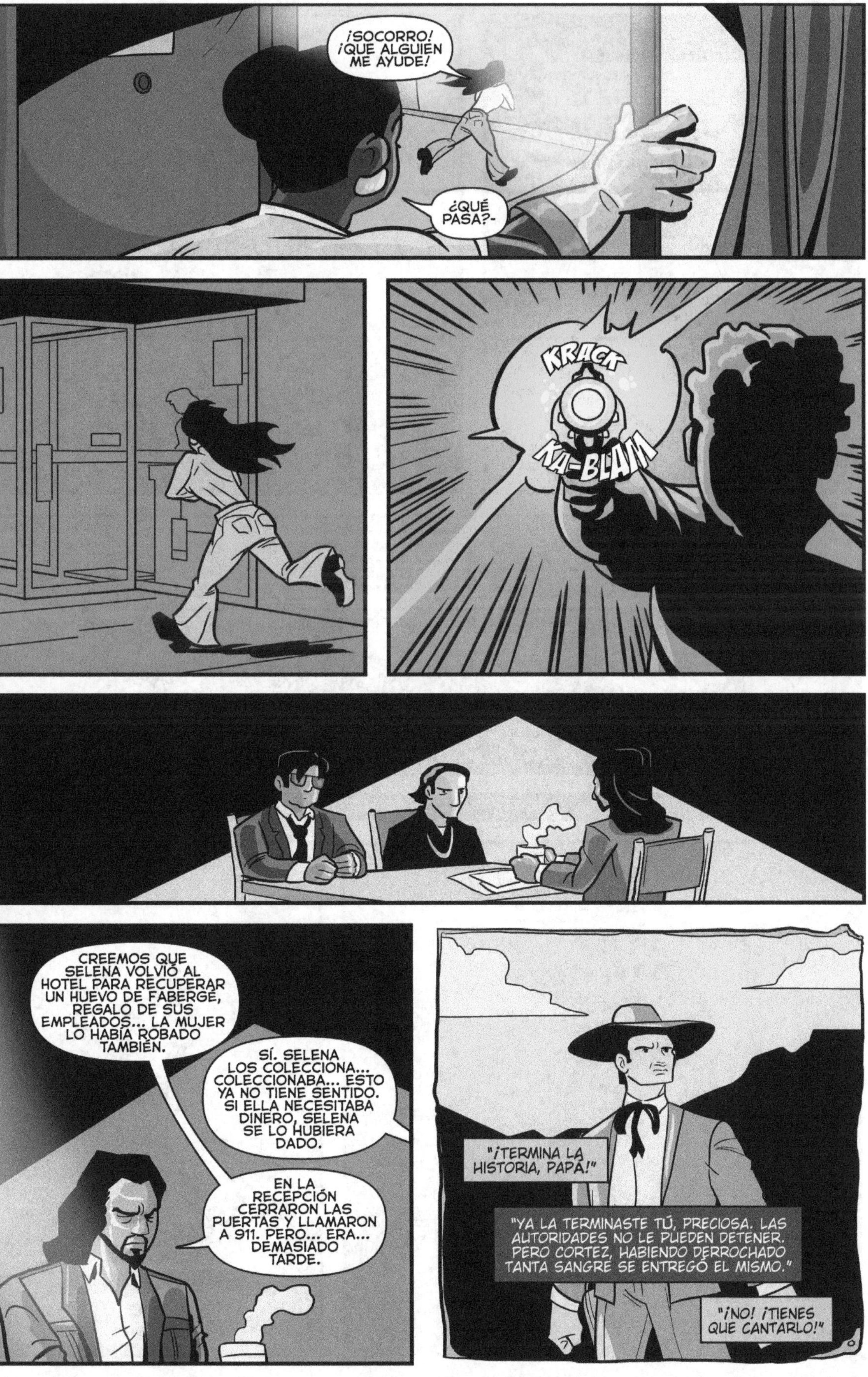

¡SOCORRO! ¡QUE ALGUIEN ME AYUDE!
¿QUÉ PASA?-
KRACK
KA-BLAM
CREEMOS QUE SELENA VOLVIÓ AL HOTEL PARA RECUPERAR UN HUEVO DE FABERGÉ, REGALO DE SUS EMPLEADOS... LA MUJER LO HABÍA ROBADO TAMBIÉN.
SÍ. SELENA LOS COLECCIONA... COLECCIONABA... ESTO YA NO TIENE SENTIDO. SI ELLA NECESITABA DINERO, SELENA SE LO HUBIERA DADO.
EN LA RECEPCIÓN CERRARON LAS PUERTAS Y LLAMARON A 911. PERO... ERA... DEMASIADO TARDE.
"¡TERMINA LA HISTORIA, PAPÁ!"
"YA LA TERMINASTE TÚ, PRECIOSA. LAS AUTORIDADES NO LE PUEDEN DETENER. PERO CORTEZ, HABIENDO DERROCHADO TANTA SANGRE SE ENTREGÓ EL MISMO."
"¡NO! ¡TIENES QUE CANTARLO!"

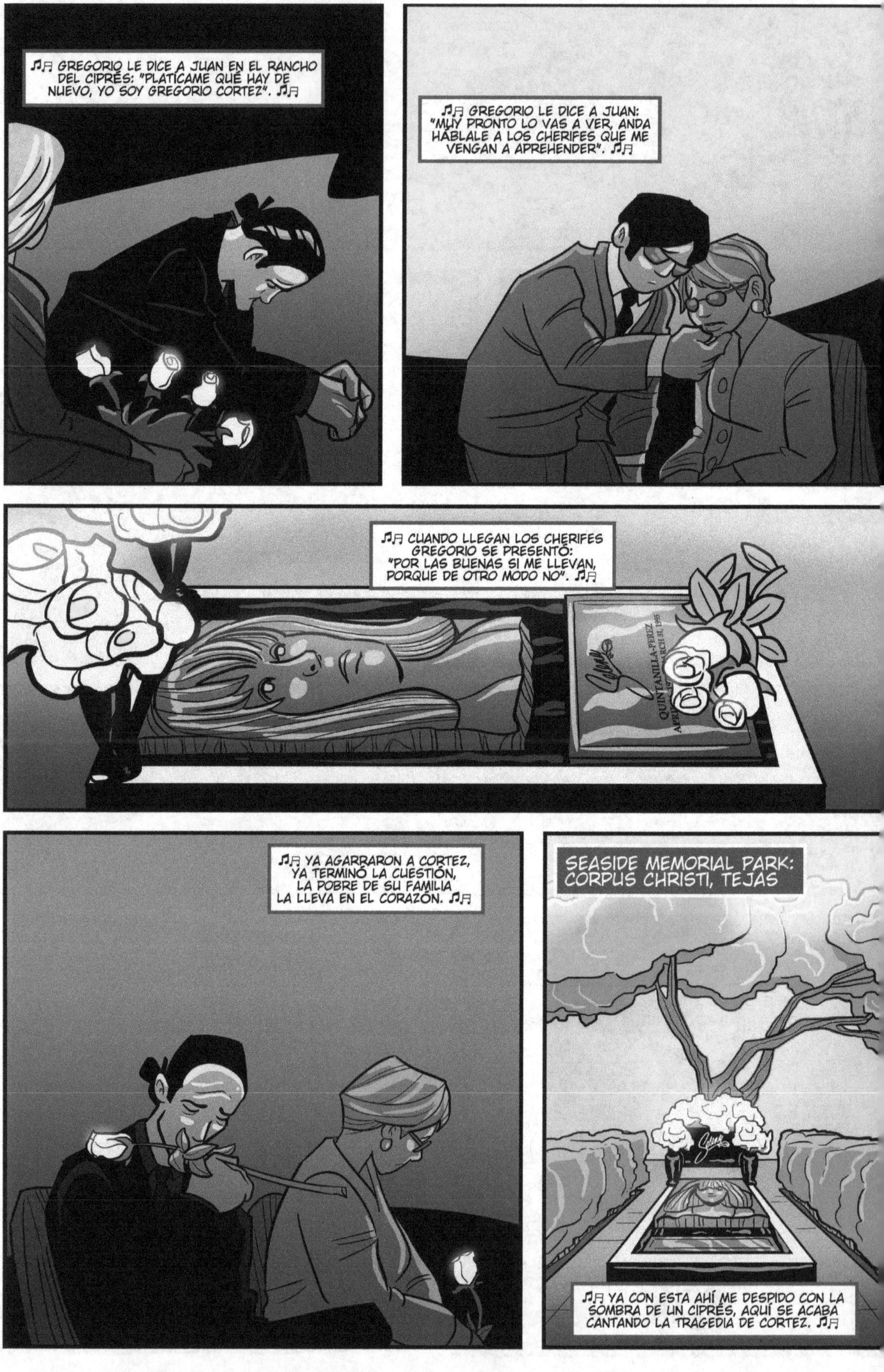
♫ GREGORIO LE DICE A JUAN EN EL RANCHO DEL CIPRÉS: "PLATÍCAME QUÉ HAY DE NUEVO, YO SOY GREGORIO CORTEZ". ♫
♫ GREGORIO LE DICE A JUAN: "MUY PRONTO LO VAS A VER, ANDA HÁBLALE A LOS CHERIFES QUE ME VENGAN A APREHENDER". ♫
♫ CUANDO LLEGAN LOS CHERIFES GREGORIO SE PRESENTÓ: "POR LAS BUENAS SI ME LLEVAN, PORQUE DE OTRO MODO NO". ♫
QUINTANILLA-PEREZ
♫ YA AGARRARON A CORTEZ, YA TERMINÓ LA CUESTIÓN, LA POBRE DE SU FAMILIA LA LLEVA EN EL CORAZÓN. ♫
SEASIDE MEMORIAL PARK: CORPUS CHRISTI, TEJAS
♫ YA CON ESTA AHÍ ME DESPIDO CON LA SOMBRA DE UN CIPRÉS, AQUÍ SE ACABA CANTANDO LA TRAGEDIA DE CORTEZ. ♫

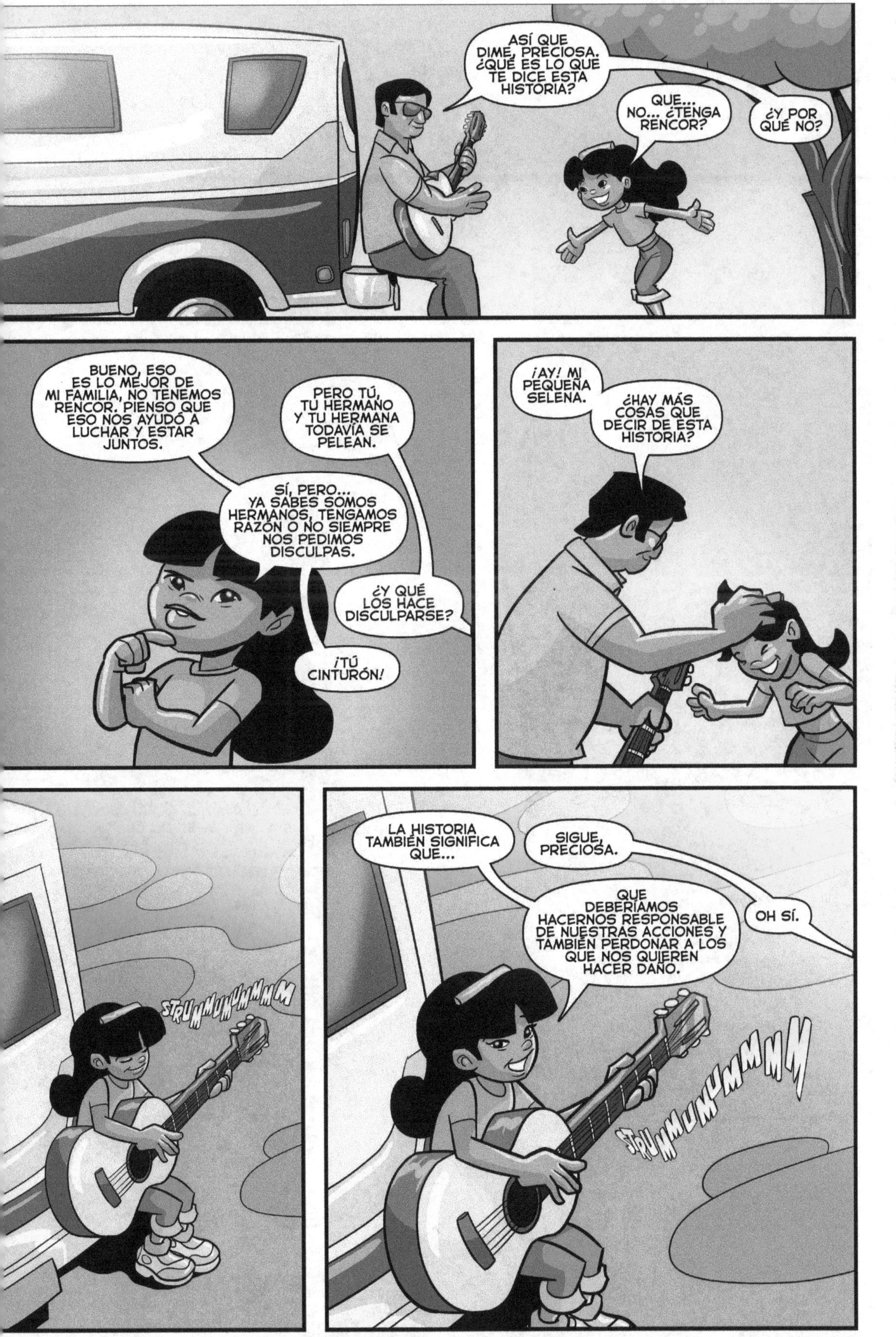
ASÍ QUE DIME, PRECIOSA. ¿QUÉ ES LO QUE TE DICE ESTA HISTORIA?
QUE... NO... ¿TENGA RENCOR?
¿Y POR QUÉ NO?
BUENO, ESO ES LO MEJOR DE MI FAMILIA, NO TENEMOS RENCOR. PIENSO QUE ESO NOS AYUDÓ A LUCHAR Y ESTAR JUNTOS.
PERO TÚ, TU HERMANO Y TU HERMANA TODAVÍA SE PELEAN.
SÍ, PERO... YA SABES SOMOS HERMANOS, TENGAMOS RAZÓN O NO SIEMPRE NOS PEDIMOS DISCULPAS.
¿Y QUÉ LOS HACE DISCULPARSE?
¡TÚ CINTURÓN!
¡AY! MI PEQUEÑA SELENA.
¿HAY MÁS COSAS QUE DECIR DE ESTA HISTORIA?
STRUMMUMUMMMM
LA HISTORIA TAMBIÉN SIGNIFICA QUE...
SIGUE, PRECIOSA.
QUE DEBERÍAMOS HACERNOS RESPONSABLE DE NUESTRAS ACCIONES Y TAMBIÉN PERDONAR A LOS QUE NOS QUIEREN HACER DAÑO.
OH SÍ.
STRUMMUMUMMMM

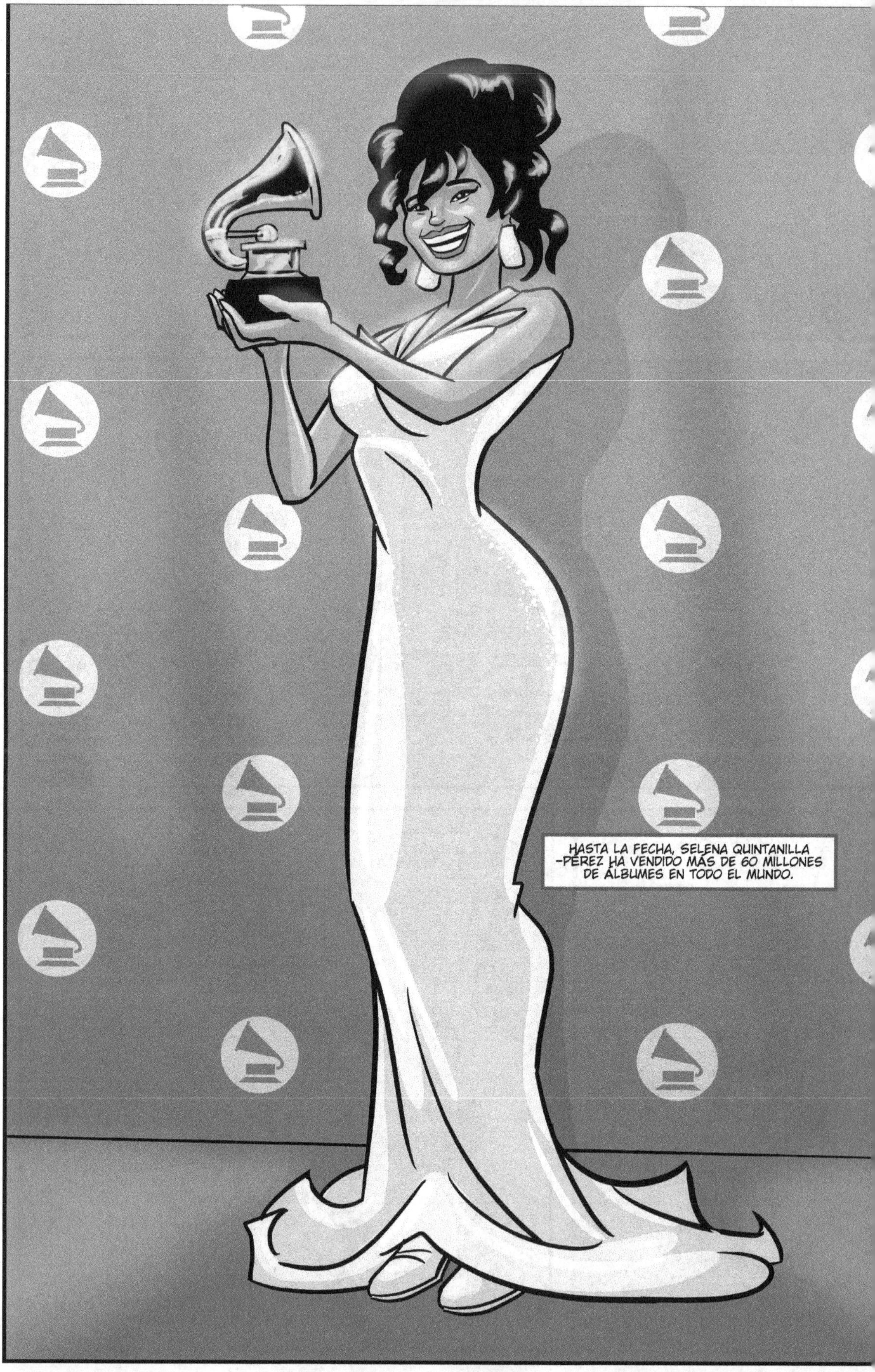
HASTA LA FECHA, SELENA QUINTANILLA -PÉREZ HA VENDIDO MÁS DE 60 MILLONES DE ÁLBUMES EN TODO EL MUNDO.

TIDALWAVE COMICS

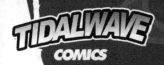

Michael L. Frizell — Writer

Ramon Salas — Art

Benjamin Glibert — Letters

Darren G. Davis — Editor

Ramon Salas — Cover

Cover B: Dave Ryan

Cover C : Joe Paradise with Pablo Martinena

Translate by: Axcalay

Darren G. Davis
Publisher

Maggie Jessup
Publicity

Susan Ferris
Entertainment Manager

Steven Diggs Jr.
Marketing Manager

TIDALWAVE PRODUCTIONS

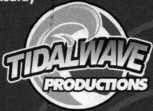

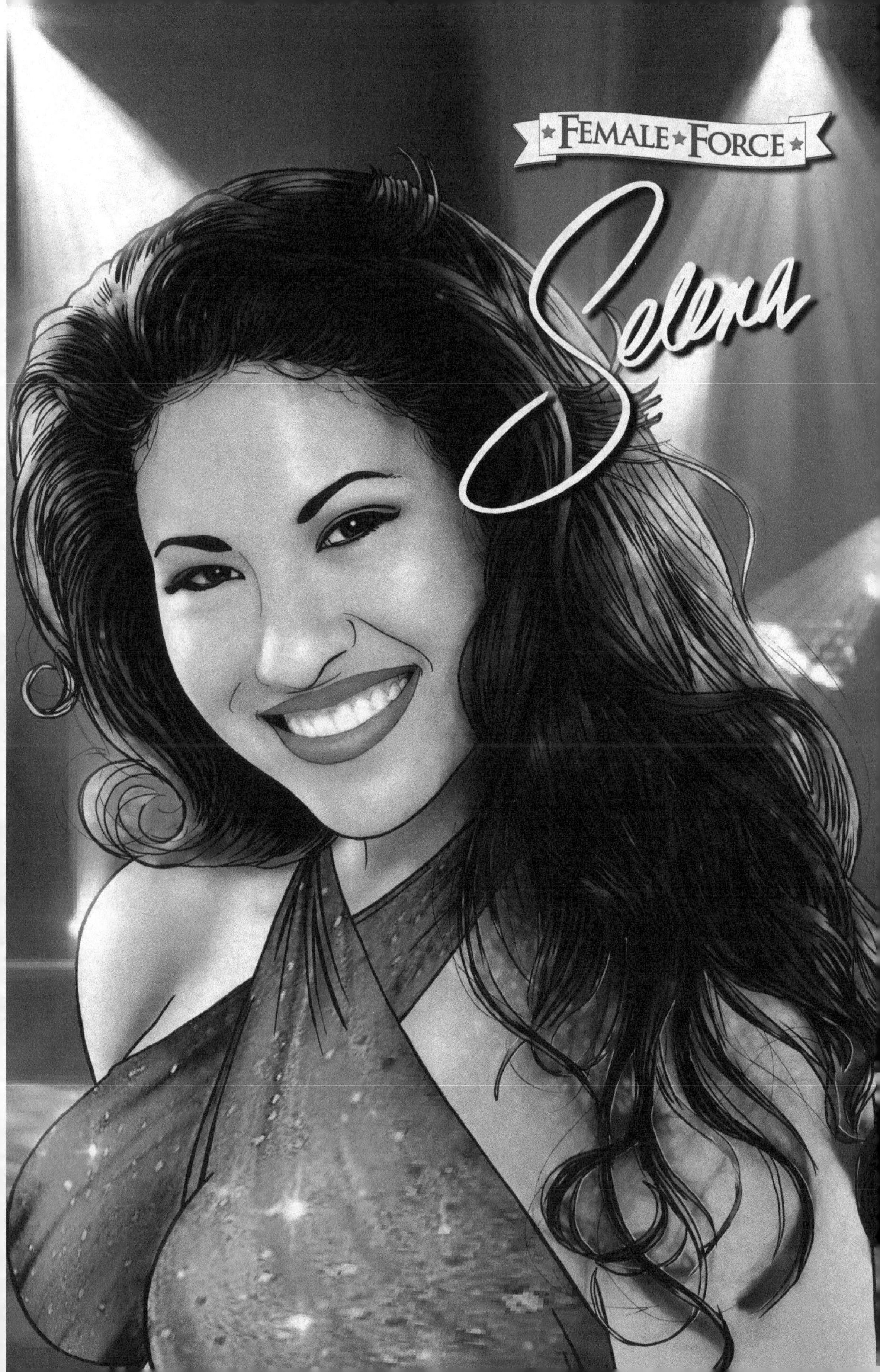
FEMALE FORCE
Selena